SETTINGS *Development* JOURNAL

Everything you need to create a world your readers will love!

JOURNALS FOR AUTHORS

SWEET HARMONY PRESS

Settings Development Journal: Everything you need to create a world your readers will love!

ISBN 13: 978-1-948713-44-3

For inquiries for bulk or wholesale orders, contact info@sweetharmonypress.com

The Settings Development Journal is a creativity-inducing tool designed for both new and experienced writers, as well as RPG gamers, to help them craft compelling and vibrant settings for their fictional stories. With two pages of thought-provoking prompts to describe various characteristics of the setting, as well as checklists featuring positive and negative descriptive words, this journal serves as a valuable resource for those seeking to embark on an enthralling worldbuilding adventure.

- Over 100 pages to describe 25 different settings.
- Use it to invent each world, city, dwelling, school, and every other setting in your story.
- Or use it as a prompt workbook to come up with ideas for future stories.
- A great way to get creative ideas flowing.
- Keep all your setting and worldbuilding ideas all in one place!
- Allows you to be detailed and describe Earth-like as well as non-Earth-like worlds.
- Over 300 descriptive words to help you create and describe your setting.
- Plenty of room to write our descriptions, draw maps or sketch ideas.
- Perfect companion to the Character Development Journal, also by Sweet Harmony Press.

With these comprehensive lists, this Journal empowers writers and RPG gamers alike to shape extraordinary settings while considering both positive and negative aspects. Through the checklists and prompts, users can unlock their creativity and weave immersive tales within meticulously crafted environments, be it cities, villages, buildings, or any other compelling story locations. Let your imagination run wild as you create worlds that captivate your readers and gaming companions.

Place Name and Nicknames	Location	Time Period
Short Description of Place		Form of Government/Rule
Who Lives There Now?	Who Has Lived There in the Past?	
Describe the History of this Location		
Significance in the Story		
What is used for money/commerce here?	What do people do for employment?	
How are people educated?	What forms of worship do people have, if any?	
What level of technology is available here?	How do people heal the sick or injured?	
How do people mark the passage of time?	Any rituals, celebrations or coming of age rites of passage?	
What types of animals live in this place, if any?	What kind of plants live in this place, if any?	

Does this place have magical abilities? If so, what kind?

Are there magical objects in this place? If so, what kind?

What else makes this place special or unusual?

Review the descriptive words below to think about your location and check the ones that apply. Then, use the next pages to write out descriptions and/or draw maps and sketches of the place you are creating:

o Large City	o Large Building	o Hot	o Mountains	o Oceans	o Earth
o Small City	o Home	o Dry	o Desert	o Lakes	o Earth-like Planet
o Market Town	o Cottage	o Temperate	o Forest	o Rivers	o Non-Earth-like
o Small town	o Villa	o Rainy	o Woodland	o Streams	Planet
o Village	o Manor House	o Cold	o Flat Plains	o Waterfalls	o Other known Planet
o Rural	o Castle	o Snowy	o High Elevation	o No water	o Not described
o No community	o Not applicable	o Windy	o Low Elevation	features	o _____
o _____	o _____	o _____	o _____	o _____	o _____

Positive Descriptors			Negative Descriptors		
o Abundant	o Glowing	o Rustic	o Abandoned	o Intimidating	o Uninhabitable
o Abuzz	o Graceful	o Scenic	o Barren	o Isolated	o Uninspired
o Alluring	o Grand	o Seasonal	o Bleak	o Joyless	o Uninspiring
o Ancient	o Harmonious	o Secluded	o Blemished	o Lamentable	o Uninteresting
o Authentic	o Harmonizing	o Secret	o Blighted	o Lousy	o Uninvigorating
o Awe-inspiring	o Heartwarming	o Serenade	o Boring	o Melancholic	o Uninviting
o Blissful	o Heavenly	o Serendipitous	o Chaotic	o Miserable	o Unkempt
o Breathless	o Hidden	o Serene	o Clammy	o Monotonous	o Unlivable
o Breathtaking	o Hushed	o Serpentine	o Cluttered	o Muddy	o Unloved
o Calming	o Hypnotic	o Shimmering	o Cramped	o Musty	o Unmemorable
o Captivating	o Idyllic	o Solitary	o Creepy	o Neglected	o Unnerving
o Carefree	o Immersive	o Soothing	o Crowded	o Negligent	o Unpleasant
o Charismatic	o Impressive	o Sparkling	o Crumbling	o Ominous	o Unpleasant-
o Charming	o Inspiring	o Spectacular	o Cursed	o Oppressive	smelling
o Chill	o Intimate	o Spellbinding	o Decaying	o Overwhelming	o Unpromising
o Circular	o Invigorating	o Spirited	o Decrepit	o Polluted	o Unpropitious
o Colorful	o Inviting	o Sprawling	o Depressing	o Rancid	o Unremarkable
o Cosmopolitan	o Irresistible	o Square	o Deranged	o Repellant	o Unrewarding
o Cozy	o Joyful	o Stunning	o Derelict	o Repugnant	o Unsafe
o Dazzling	o Lively	o Sun-kissed	o Desolate	o Repulsive	o Unsanitary
o Delicate	o Lush	o Sunny	o Desperate	o Rotten	o Unsecured
o Delightful	o Magical	o Tantalizing	o Despicable	o Ruined	o Unsettling
o Dreamlike	o Majestic	o Timeless	o Dilapidated	o Rundown	o Unwanted
o Dreamy	o Melodious	o Tranquil	o Dingy	o Rusty	o Unwelcomed
o Dynamic	o Mesmerizing	o Tranquilizing	o Dirty	o Shabby	o Unwelcoming
o Earthy	o Misty	o Unadulterated	o Disgusting	o Shattered	o Unwholesome
o Eclectic	o Musical	o Unblemished	o Dismal	o Sinister	o Unworthy
o Ecstatic	o Mystical	o Uncharted	o Dispiriting	o Smelly	o Worn-down
o Effervescent	o Nestled	o Undiscovered	o Distressed	o Smoky	o Worn-out
o Effortless	o Nostalgic	o Undisturbed	o Drab	o Smoggy	o Wretched
o Elysian	o Nurturing	o Unexplored	o Dreary	o Spooky	o _____
o Enchanting	o Oasis	o Unforgettable	o Dull	o Squalid	o _____
o Endearing	o Paradise	o Unfrequented	o Evil	o Stagnant	o _____
o Enigmatic	o Peaceful	o Uninhabited	o Faded	o Stark	o _____
o Enlivening	o Peace-giving	o Uninhibited	o Filthy	o Stifling	o _____
o Enrapturing	o Picturesque	o Unpretentious	o Foreboding	o Tangled	o _____
o Enthralling	o Playful	o Unspoiled	o Forsaken	o Tumultuous	o _____
o Enveloping	o Pristine	o Untouched	o Foul-smelling	o Unadorned	o _____
o Ethereal	o Pulsating	o Untroubled	o Fractured	o Unappealing	o _____
o Euphoric	o Quaint	o Uplifting	o Frightening	o Unattended	o _____
o Evocative	o Quiet	o Utopian	o Funereal	o Unattractive	o _____
o Exciting	o Quirky	o Verdant	o Ghastly	o Uncelebrated	o _____
o Exhilarating	o Radiant	o Vibrant	o Gloomy	o Uncomfortable	o _____
o Exotic	o Refined	o Vibrating	o Grubby	o Uncomforting	o _____
o Exquisite	o Refreshing	o Vivid	o Grungy	o Unexciting	o _____
o Flawless	o Remote	o Welcoming	o Harsh	o Unforgiving	o _____
o Flourishing	o Resplendent	o Whimsical	o Haunted	o Unfortunate	o _____
o Friendly	o Rhapsodic	o Whispering	o Hostile	o Unfriendly	o _____
o Glistening	o Romantic	o Wondrous	o Impoverished	o Unhygienic	
o Glorious	o Rugged	o Zen-like	o Infested	o Unimpressive	

Descriptions, Maps and Sketches

Descriptions, Maps and Sketches

Place Name and Nicknames	Location	Time Period
Short Description of Place		Form of Government/Rule
Who Lives There Now?	Who Has Lived There in the Past?	

Describe the History of this Location

Significance in the Story

What is used for money/commerce here?	What do people do for employment?
How are people educated?	What forms of worship do people have, if any?
What level of technology is available here?	How do people heal the sick or injured?
How do people mark the passage of time?	Any rituals, celebrations or coming of age rites of passage?
What types of animals live in this place, if any?	What kind of plants live in this place, if any?

Does this place have magical abilities? If so, what kind?

Are there magical objects in this place? If so, what kind?

What else makes this place special or unusual?

Review the descriptive words below to think about your location and check the ones that apply. Then, use the next pages to write out descriptions and/or draw maps and sketches of the place you are creating:

o Large City	o Large Building	o Hot	o Mountains	o Oceans	o Earth
o Small City	o Home	o Dry	o Desert	o Lakes	o Earth-like Planet
o Market Town	o Cottage	o Temperate	o Forest	o Rivers	o Non-Earth-like
o Small town	o Villa	o Rainy	o Woodland	o Streams	Planet
o Village	o Manor House	o Cold	o Flat Plains	o Waterfalls	o Other known Planet
o Rural	o Castle	o Snowy	o High Elevation	o No water	o Not described
o No community	o Not applicable	o Windy	o Low Elevation	features	o _____
o _____	o _____	o _____	o _____	o _____	o _____

Positive Descriptors			Negative Descriptors		
o Abundant	o Glowing	o Rustic	o Abandoned	o Intimidating	o Uninhabitable
o Abuzz	o Graceful	o Scenic	o Barren	o Isolated	o Uninspired
o Alluring	o Grand	o Seasonal	o Bleak	o Joyless	o Uninspiring
o Ancient	o Harmonious	o Secluded	o Blemished	o Lamentable	o Uninteresting
o Authentic	o Harmonizing	o Secret	o Blighted	o Lousy	o Uninvigorating
o Awe-inspiring	o Heartwarming	o Serenade	o Boring	o Melancholic	o Uninviting
o Blissful	o Heavenly	o Serendipitous	o Chaotic	o Miserable	o Unkempt
o Breathless	o Hidden	o Serene	o Clammy	o Monotonous	o Unlivable
o Breathtaking	o Hushed	o Serpentine	o Cluttered	o Muddy	o Unloved
o Calming	o Hypnotic	o Shimmering	o Cramped	o Musty	o Unmemorable
o Captivating	o Idyllic	o Solitary	o Creepy	o Neglected	o Unnerving
o Carefree	o Immersive	o Soothing	o Crowded	o Negligent	o Unpleasant
o Charismatic	o Impressive	o Sparkling	o Crumbling	o Ominous	o Unpleasant-
o Charming	o Inspiring	o Spectacular	o Cursed	o Oppressive	smelling
o Chill	o Intimate	o Spellbinding	o Decaying	o Overwhelming	o Unpromising
o Circular	o Invigorating	o Spirited	o Decrepit	o Polluted	o Unpropitious
o Colorful	o Inviting	o Sprawling	o Depressing	o Rancid	o Unremarkable
o Cosmopolitan	o Irresistible	o Square	o Deranged	o Repellant	o Unrewarding
o Cozy	o Joyful	o Stunning	o Derelict	o Repugnant	o Unsafe
o Dazzling	o Lively	o Sun-kissed	o Desolate	o Repulsive	o Unsanitary
o Delicate	o Lush	o Sunny	o Desperate	o Rotten	o Unsecured
o Delightful	o Magical	o Tantalizing	o Despicable	o Ruined	o Unsettling
o Dreamlike	o Majestic	o Timeless	o Dilapidated	o Rundown	o Unwanted
o Dreamy	o Melodious	o Tranquil	o Dingy	o Rusty	o Unwelcomed
o Dynamic	o Mesmerizing	o Tranquilizing	o Dirty	o Shabby	o Unwelcoming
o Earthy	o Misty	o Unadulterated	o Disgusting	o Shattered	o Unwholesome
o Eclectic	o Musical	o Unblemished	o Dismal	o Sinister	o Unworthy
o Ecstatic	o Mystical	o Uncharted	o Dispiriting	o Smelly	o Worn-down
o Effervescent	o Nestled	o Undiscovered	o Distressed	o Smoky	o Worn-out
o Effortless	o Nostalgic	o Undisturbed	o Drab	o Smoggy	o Wretched
o Elysian	o Nurturing	o Unexplored	o Dreary	o Spooky	o _____
o Enchanting	o Oasis	o Unforgettable	o Dull	o Squalid	o _____
o Endearing	o Paradise	o Unfrequented	o Evil	o Stagnant	o _____
o Enigmatic	o Peaceful	o Uninhabited	o Faded	o Stark	o _____
o Enlivening	o Peace-giving	o Uninhibited	o Filthy	o Stifling	o _____
o Enrapturing	o Picturesque	o Unpretentious	o Foreboding	o Tangled	o _____
o Enthralling	o Playful	o Unspoiled	o Forsaken	o Tumultuous	o _____
o Enveloping	o Pristine	o Untouched	o Foul-smelling	o Unadorned	o _____
o Ethereal	o Pulsating	o Untroubled	o Fractured	o Unappealing	o _____
o Euphoric	o Quaint	o Uplifting	o Frightening	o Unattended	o _____
o Evocative	o Quiet	o Utopian	o Funereal	o Unattractive	o _____
o Exciting	o Quirky	o Verdant	o Ghastly	o Uncelebrated	o _____
o Exhilarating	o Radiant	o Vibrant	o Gloomy	o Uncomfortable	o _____
o Exotic	o Refined	o Vibrating	o Grubby	o Uncomforting	o _____
o Exquisite	o Refreshing	o Vivid	o Grungy	o Unexciting	o _____
o Flawless	o Remote	o Welcoming	o Harsh	o Unforgiving	o _____
o Flourishing	o Resplendent	o Whimsical	o Haunted	o Unfortunate	o _____
o Friendly	o Rhapsodic	o Whispering	o Hostile	o Unfriendly	o _____
o Glistening	o Romantic	o Wondrous	o Impoverished	o Unhygienic	
o Glorious	o Rugged	o Zen-like	o Infested	o Unimpressive	

Descriptions, Maps and Sketches

Place Name and Nicknames	Location	Time Period
Short Description of Place		**Form of Government/Rule**
Who Lives There Now?	**Who Has Lived There in the Past?**	

Describe the History of this Location

Significance in the Story

What is used for money/commerce here?	What do people do for employment?
How are people educated?	What forms of worship do people have, if any?
What level of technology is available here?	How do people heal the sick or injured?
How do people mark the passage of time?	Any rituals, celebrations or coming of age rites of passage?
What types of animals live in this place, if any?	What kind of plants live in this place, if any?

Does this place have magical abilities? If so, what kind?

Are there magical objects in this place? If so, what kind?

What else makes this place special or unusual?

Review the descriptive words below to think about your location and check the ones that apply. Then, use the next pages to write out descriptions and/or draw maps and sketches of the place you are creating:

o Large City	o Large Building	o Hot	o Mountains	o Oceans	o Earth
o Small City	o Home	o Dry	o Desert	o Lakes	o Earth-like Planet
o Market Town	o Cottage	o Temperate	o Forest	o Rivers	o Non-Earth-like
o Small town	o Villa	o Rainy	o Woodland	o Streams	Planet
o Village	o Manor House	o Cold	o Flat Plains	o Waterfalls	o Other known Planet
o Rural	o Castle	o Snowy	o High Elevation	o No water	o Not described
o No community	o Not applicable	o Windy	o Low Elevation	features	o _____
o _____	o _____	o _____	o _____	o _____	

Positive Descriptors			Negative Descriptors		
o Abundant	o Glowing	o Rustic	o Abandoned	o Intimidating	o Uninhabitable
o Abuzz	o Graceful	o Scenic	o Barren	o Isolated	o Uninspired
o Alluring	o Grand	o Seasonal	o Bleak	o Joyless	o Uninspiring
o Ancient	o Harmonious	o Secluded	o Blemished	o Lamentable	o Uninteresting
o Authentic	o Harmonizing	o Secret	o Blighted	o Lousy	o Uninvigorating
o Awe-inspiring	o Heartwarming	o Serenade	o Boring	o Melancholic	o Uninviting
o Blissful	o Heavenly	o Serendipitous	o Chaotic	o Miserable	o Unkempt
o Breathless	o Hidden	o Serene	o Clammy	o Monotonous	o Unlivable
o Breathtaking	o Hushed	o Serpentine	o Cluttered	o Muddy	o Unloved
o Calming	o Hypnotic	o Shimmering	o Cramped	o Musty	o Unmemorable
o Captivating	o Idyllic	o Solitary	o Creepy	o Neglected	o Unnerving
o Carefree	o Immersive	o Soothing	o Crowded	o Negligent	o Unpleasant
o Charismatic	o Impressive	o Sparkling	o Crumbling	o Ominous	o Unpleasant-
o Charming	o Inspiring	o Spectacular	o Cursed	o Oppressive	smelling
o Chill	o Intimate	o Spellbinding	o Decaying	o Overwhelming	o Unpromising
o Circular	o Invigorating	o Spirited	o Decrepit	o Polluted	o Unpropitious
o Colorful	o Inviting	o Sprawling	o Depressing	o Rancid	o Unremarkable
o Cosmopolitan	o Irresistible	o Square	o Deranged	o Repellant	o Unrewarding
o Cozy	o Joyful	o Stunning	o Derelict	o Repugnant	o Unsafe
o Dazzling	o Lively	o Sun-kissed	o Desolate	o Repulsive	o Unsanitary
o Delicate	o Lush	o Sunny	o Desperate	o Rotten	o Unsecured
o Delightful	o Magical	o Tantalizing	o Despicable	o Ruined	o Unsettling
o Dreamlike	o Majestic	o Timeless	o Dilapidated	o Rundown	o Unwanted
o Dreamy	o Melodious	o Tranquil	o Dingy	o Rusty	o Unwelcomed
o Dynamic	o Mesmerizing	o Tranquilizing	o Dirty	o Shabby	o Unwelcoming
o Earthy	o Misty	o Unadulterated	o Disgusting	o Shattered	o Unwholesome
o Eclectic	o Musical	o Unblemished	o Dismal	o Sinister	o Unworthy
o Ecstatic	o Mystical	o Uncharted	o Dispiriting	o Smelly	o Worn-down
o Effervescent	o Nestled	o Undiscovered	o Distressed	o Smoky	o Worn-out
o Effortless	o Nostalgic	o Undisturbed	o Drab	o Smoggy	o Wretched
o Elysian	o Nurturing	o Unexplored	o Dreary	o Spooky	o _____
o Enchanting	o Oasis	o Unforgettable	o Dull	o Squalid	o _____
o Endearing	o Paradise	o Unfrequented	o Evil	o Stagnant	o _____
o Enigmatic	o Peaceful	o Uninhabited	o Faded	o Stark	o _____
o Enlivening	o Peace-giving	o Uninhibited	o Filthy	o Stifling	o _____
o Enrapturing	o Picturesque	o Unpretentious	o Foreboding	o Tangled	o _____
o Enthralling	o Playful	o Unspoiled	o Forsaken	o Tumultuous	o _____
o Enveloping	o Pristine	o Untouched	o Foul-smelling	o Unadorned	o _____
o Ethereal	o Pulsating	o Untroubled	o Fractured	o Unappealing	o _____
o Euphoric	o Quaint	o Uplifting	o Frightening	o Unattended	o _____
o Evocative	o Quiet	o Utopian	o Funereal	o Unattractive	o _____
o Exciting	o Quirky	o Verdant	o Ghastly	o Uncelebrated	o _____
o Exhilarating	o Radiant	o Vibrant	o Gloomy	o Uncomfortable	o _____
o Exotic	o Refined	o Vibrating	o Grubby	o Uncomforting	
o Exquisite	o Refreshing	o Vivid	o Grungy	o Unexciting	
o Flawless	o Remote	o Welcoming	o Harsh	o Unforgiving	
o Flourishing	o Resplendent	o Whimsical	o Haunted	o Unfortunate	
o Friendly	o Rhapsodic	o Whispering	o Hostile	o Unfriendly	
o Glistening	o Romantic	o Wondrous	o Impoverished	o Unhygienic	
o Glorious	o Rugged	o Zen-like	o Infested	o Unimpressive	

Place Name and Nicknames	Location	Time Period

Short Description of Place	Form of Government/Rule

Who Lives There Now?	Who Has Lived There in the Past?

Describe the History of this Location

Significance in the Story

What is used for money/commerce here?	What do people do for employment?

How are people educated?	What forms of worship do people have, if any?

What level of technology is available here?	How do people heal the sick or injured?

How do people mark the passage of time?	Any rituals, celebrations or coming of age rites of passage?

What types of animals live in this place, if any?	What kind of plants live in this place, if any?

Does this place have magical abilities? If so, what kind?

Are there magical objects in this place? If so, what kind?

What else makes this place special or unusual?

Review the descriptive words below to think about your location and check the ones that apply. Then, use the next pages to write out descriptions and/or draw maps and sketches of the place you are creating:

o Large City	o Large Building	o Hot	o Mountains	o Oceans	o Earth
o Small City	o Home	o Dry	o Desert	o Lakes	o Earth-like Planet
o Market Town	o Cottage	o Temperate	o Forest	o Rivers	o Non-Earth-like
o Small town	o Villa	o Rainy	o Woodland	o Streams	Planet
o Village	o Manor House	o Cold	o Flat Plains	o Waterfalls	o Other known Planet
o Rural	o Castle	o Snowy	o High Elevation	o No water	o Not described
o No community	o Not applicable	o Windy	o Low Elevation	features	o _____
o _____	o _____	o _____	o _____	o _____	

Positive Descriptors			Negative Descriptors		
o Abundant	o Glowing	o Rustic	o Abandoned	o Intimidating	o Uninhabitable
o Abuzz	o Graceful	o Scenic	o Barren	o Isolated	o Uninspired
o Alluring	o Grand	o Seasonal	o Bleak	o Joyless	o Uninspiring
o Ancient	o Harmonious	o Secluded	o Blemished	o Lamentable	o Uninteresting
o Authentic	o Harmonizing	o Secret	o Blighted	o Lousy	o Uninvigorating
o Awe-inspiring	o Heartwarming	o Serenade	o Boring	o Melancholic	o Uninviting
o Blissful	o Heavenly	o Serendipitous	o Chaotic	o Miserable	o Unkempt
o Breathless	o Hidden	o Serene	o Clammy	o Monotonous	o Unlivable
o Breathtaking	o Hushed	o Serpentine	o Cluttered	o Muddy	o Unloved
o Calming	o Hypnotic	o Shimmering	o Cramped	o Musty	o Unmemorable
o Captivating	o Idyllic	o Solitary	o Creepy	o Neglected	o Unnerving
o Carefree	o Immersive	o Soothing	o Crowded	o Negligent	o Unpleasant
o Charismatic	o Impressive	o Sparkling	o Crumbling	o Ominous	o Unpleasant-
o Charming	o Inspiring	o Spectacular	o Cursed	o Oppressive	smelling
o Chill	o Intimate	o Spellbinding	o Decaying	o Overwhelming	o Unpromising
o Circular	o Invigorating	o Spirited	o Decrepit	o Polluted	o Unpropitious
o Colorful	o Inviting	o Sprawling	o Depressing	o Rancid	o Unremarkable
o Cosmopolitan	o Irresistible	o Square	o Deranged	o Repellant	o Unrewarding
o Cozy	o Joyful	o Stunning	o Derelict	o Repugnant	o Unsafe
o Dazzling	o Lively	o Sun-kissed	o Desolate	o Repulsive	o Unsanitary
o Delicate	o Lush	o Sunny	o Desperate	o Rotten	o Unsecured
o Delightful	o Magical	o Tantalizing	o Despicable	o Ruined	o Unsettling
o Dreamlike	o Majestic	o Timeless	o Dilapidated	o Rundown	o Unwanted
o Dreamy	o Melodious	o Tranquil	o Dingy	o Rusty	o Unwelcomed
o Dynamic	o Mesmerizing	o Tranquilizing	o Dirty	o Shabby	o Unwelcoming
o Earthy	o Misty	o Unadulterated	o Disgusting	o Shattered	o Unwholesome
o Eclectic	o Musical	o Unblemished	o Dismal	o Sinister	o Unworthy
o Ecstatic	o Mystical	o Uncharted	o Dispiriting	o Smelly	o Worn-down
o Effervescent	o Nestled	o Undiscovered	o Distressed	o Smoky	o Worn-out
o Effortless	o Nostalgic	o Undisturbed	o Drab	o Smoggy	o Wretched
o Elysian	o Nurturing	o Unexplored	o Dreary	o Spooky	o _____
o Enchanting	o Oasis	o Unforgettable	o Dull	o Squalid	o _____
o Endearing	o Paradise	o Unfrequented	o Evil	o Stagnant	o _____
o Enigmatic	o Peaceful	o Uninhabited	o Faded	o Stark	o _____
o Enlivening	o Peace-giving	o Uninhibited	o Filthy	o Stifling	o _____
o Enrapturing	o Picturesque	o Unpretentious	o Foreboding	o Tangled	o _____
o Enthralling	o Playful	o Unspoiled	o Forsaken	o Tumultuous	o _____
o Enveloping	o Pristine	o Untouched	o Foul-smelling	o Unadorned	o _____
o Ethereal	o Pulsating	o Untroubled	o Fractured	o Unappealing	o _____
o Euphoric	o Quaint	o Uplifting	o Frightening	o Unattended	o _____
o Evocative	o Quiet	o Utopian	o Funereal	o Unattractive	o _____
o Exciting	o Quirky	o Verdant	o Ghastly	o Uncelebrated	o _____
o Exhilarating	o Radiant	o Vibrant	o Gloomy	o Uncomfortable	o _____
o Exotic	o Refined	o Vibrating	o Grubby	o Uncomforting	o _____
o Exquisite	o Refreshing	o Vivid	o Grungy	o Unexciting	o _____
o Flawless	o Remote	o Welcoming	o Harsh	o Unforgiving	o _____
o Flourishing	o Resplendent	o Whimsical	o Haunted	o Unfortunate	o _____
o Friendly	o Rhapsodic	o Whispering	o Hostile	o Unfriendly	o _____
o Glistening	o Romantic	o Wondrous	o Impoverished	o Unhygienic	
o Glorious	o Rugged	o Zen-like	o Infested	o Unimpressive	

Place Name and Nicknames	Location	Time Period

Short Description of Place		Form of Government/Rule

Who Lives There Now?	Who Has Lived There in the Past?

Describe the History of this Location

Significance in the Story

What is used for money/commerce here?	What do people do for employment?

How are people educated?	What forms of worship do people have, if any?

What level of technology is available here?	How do people heal the sick or injured?

How do people mark the passage of time?	Any rituals, celebrations or coming of age rites of passage?

What types of animals live in this place, if any?	What kind of plants live in this place, if any?

Does this place have magical abilities? If so, what kind?

Are there magical objects in this place? If so, what kind?

What else makes this place special or unusual?

Review the descriptive words below to think about your location and check the ones that apply. Then, use the next pages to write out descriptions and/or draw maps and sketches of the place you are creating:

o Large City	o Large Building	o Hot	o Mountains	o Oceans	o Earth
o Small City	o Home	o Dry	o Desert	o Lakes	o Earth-like Planet
o Market Town	o Cottage	o Temperate	o Forest	o Rivers	o Non-Earth-like
o Small town	o Villa	o Rainy	o Woodland	o Streams	Planet
o Village	o Manor House	o Cold	o Flat Plains	o Waterfalls	o Other known Planet
o Rural	o Castle	o Snowy	o High Elevation	o No water	o Not described
o No community	o Not applicable	o Windy	o Low Elevation	features	o _____
o _____	o _____	o _____	o _____	o _____	o

Positive Descriptors			Negative Descriptors		
o Abundant	o Glowing	o Rustic	o Abandoned	o Intimidating	o Uninhabitable
o Abuzz	o Graceful	o Scenic	o Barren	o Isolated	o Uninspired
o Alluring	o Grand	o Seasonal	o Bleak	o Joyless	o Uninspiring
o Ancient	o Harmonious	o Secluded	o Blemished	o Lamentable	o Uninteresting
o Authentic	o Harmonizing	o Secret	o Blighted	o Lousy	o Uninvigorating
o Awe-inspiring	o Heartwarming	o Serenade	o Boring	o Melancholic	o Uninviting
o Blissful	o Heavenly	o Serendipitous	o Chaotic	o Miserable	o Unkempt
o Breathless	o Hidden	o Serene	o Clammy	o Monotonous	o Unlivable
o Breathtaking	o Hushed	o Serpentine	o Cluttered	o Muddy	o Unloved
o Calming	o Hypnotic	o Shimmering	o Cramped	o Musty	o Unmemorable
o Captivating	o Idyllic	o Solitary	o Creepy	o Neglected	o Unnerving
o Carefree	o Immersive	o Soothing	o Crowded	o Negligent	o Unpleasant
o Charismatic	o Impressive	o Sparkling	o Crumbling	o Ominous	o Unpleasant-
o Charming	o Inspiring	o Spectacular	o Cursed	o Oppressive	smelling
o Chill	o Intimate	o Spellbinding	o Decaying	o Overwhelming	o Unpromising
o Circular	o Invigorating	o Spirited	o Decrepit	o Polluted	o Unpropitious
o Colorful	o Inviting	o Sprawling	o Depressing	o Rancid	o Unremarkable
o Cosmopolitan	o Irresistible	o Square	o Deranged	o Repellant	o Unrewarding
o Cozy	o Joyful	o Stunning	o Derelict	o Repugnant	o Unsafe
o Dazzling	o Lively	o Sun-kissed	o Desolate	o Repulsive	o Unsanitary
o Delicate	o Lush	o Sunny	o Desperate	o Rotten	o Unsecured
o Delightful	o Magical	o Tantalizing	o Despicable	o Ruined	o Unsettling
o Dreamlike	o Majestic	o Timeless	o Dilapidated	o Rundown	o Unwanted
o Dreamy	o Melodious	o Tranquil	o Dingy	o Rusty	o Unwelcomed
o Dynamic	o Mesmerizing	o Tranquilizing	o Dirty	o Shabby	o Unwelcoming
o Earthy	o Misty	o Unadulterated	o Disgusting	o Shattered	o Unwholesome
o Eclectic	o Musical	o Unblemished	o Dismal	o Sinister	o Unworthy
o Ecstatic	o Mystical	o Uncharted	o Dispiriting	o Smelly	o Worn-down
o Effervescent	o Nestled	o Undiscovered	o Distressed	o Smoky	o Worn-out
o Effortless	o Nostalgic	o Undisturbed	o Drab	o Smoggy	o Wretched
o Elysian	o Nurturing	o Unexplored	o Dreary	o Spooky	o
o Enchanting	o Oasis	o Unforgettable	o Dull	o Squalid	o
o Endearing	o Paradise	o Unfrequented	o Evil	o Stagnant	o
o Enigmatic	o Peaceful	o Uninhabited	o Faded	o Stark	o
o Enlivening	o Peace-giving	o Uninhibited	o Filthy	o Stifling	o
o Enrapturing	o Picturesque	o Unpretentious	o Foreboding	o Tangled	o
o Enthralling	o Playful	o Unspoiled	o Forsaken	o Tumultuous	o
o Enveloping	o Pristine	o Untouched	o Foul-smelling	o Unadorned	o
o Ethereal	o Pulsating	o Untroubled	o Fractured	o Unappealing	o
o Euphoric	o Quaint	o Uplifting	o Frightening	o Unattended	o
o Evocative	o Quiet	o Utopian	o Funereal	o Unattractive	o
o Exciting	o Quirky	o Verdant	o Ghastly	o Uncelebrated	o
o Exhilarating	o Radiant	o Vibrant	o Gloomy	o Uncomfortable	o
o Exotic	o Refined	o Vibrating	o Grubby	o Uncomforting	o
o Exquisite	o Refreshing	o Vivid	o Grungy	o Unexciting	o
o Flawless	o Remote	o Welcoming	o Harsh	o Unforgiving	o
o Flourishing	o Resplendent	o Whimsical	o Haunted	o Unfortunate	o
o Friendly	o Rhapsodic	o Whispering	o Hostile	o Unfriendly	o
o Glistening	o Romantic	o Wondrous	o Impoverished	o Unhygienic	
o Glorious	o Rugged	o Zen-like	o Infested	o Unimpressive	

Place Name and Nicknames	Location	Time Period

Short Description of Place		Form of Government/Rule

Who Lives There Now?	Who Has Lived There in the Past?

Describe the History of this Location

Significance in the Story

What is used for money/commerce here?	What do people do for employment?

How are people educated?	What forms of worship do people have, if any?

What level of technology is available here?	How do people heal the sick or injured?

How do people mark the passage of time?	Any rituals, celebrations or coming of age rites of passage?

What types of animals live in this place, if any?	What kind of plants live in this place, if any?

Does this place have magical abilities? If so, what kind?

Are there magical objects in this place? If so, what kind?

What else makes this place special or unusual?

Review the descriptive words below to think about your location and check the ones that apply. Then, use the next pages to write out descriptions and/or draw maps and sketches of the place you are creating:

o Large City	o Large Building	o Hot	o Mountains	o Oceans	o Earth
o Small City	o Home	o Dry	o Desert	o Lakes	o Earth-like Planet
o Market Town	o Cottage	o Temperate	o Forest	o Rivers	o Non-Earth-like
o Small town	o Villa	o Rainy	o Woodland	o Streams	Planet
o Village	o Manor House	o Cold	o Flat Plains	o Waterfalls	o Other known Planet
o Rural	o Castle	o Snowy	o High Elevation	o No water	o Not described
o No community	o Not applicable	o Windy	o Low Elevation	features	o _____
o _____	o _____	o _____	o _____	o _____	

Positive Descriptors			Negative Descriptors		
o Abundant	o Glowing	o Rustic	o Abandoned	o Intimidating	o Uninhabitable
o Abuzz	o Graceful	o Scenic	o Barren	o Isolated	o Uninspired
o Alluring	o Grand	o Seasonal	o Bleak	o Joyless	o Uninspiring
o Ancient	o Harmonious	o Secluded	o Blemished	o Lamentable	o Uninteresting
o Authentic	o Harmonizing	o Secret	o Blighted	o Lousy	o Uninvigorating
o Awe-inspiring	o Heartwarming	o Serenade	o Boring	o Melancholic	o Uninviting
o Blissful	o Heavenly	o Serendipitous	o Chaotic	o Miserable	o Unkempt
o Breathless	o Hidden	o Serene	o Clammy	o Monotonous	o Unlivable
o Breathtaking	o Hushed	o Serpentine	o Cluttered	o Muddy	o Unloved
o Calming	o Hypnotic	o Shimmering	o Cramped	o Musty	o Unmemorable
o Captivating	o Idyllic	o Solitary	o Creepy	o Neglected	o Unnerving
o Carefree	o Immersive	o Soothing	o Crowded	o Negligent	o Unpleasant
o Charismatic	o Impressive	o Sparkling	o Crumbling	o Ominous	o Unpleasant-
o Charming	o Inspiring	o Spectacular	o Cursed	o Oppressive	smelling
o Chill	o Intimate	o Spellbinding	o Decaying	o Overwhelming	o Unpromising
o Circular	o Invigorating	o Spirited	o Decrepit	o Polluted	o Unpropitious
o Colorful	o Inviting	o Sprawling	o Depressing	o Rancid	o Unremarkable
o Cosmopolitan	o Irresistible	o Square	o Deranged	o Repellant	o Unrewarding
o Cozy	o Joyful	o Stunning	o Derelict	o Repugnant	o Unsafe
o Dazzling	o Lively	o Sun-kissed	o Desolate	o Repulsive	o Unsanitary
o Delicate	o Lush	o Sunny	o Desperate	o Rotten	o Unsecured
o Delightful	o Magical	o Tantalizing	o Despicable	o Ruined	o Unsettling
o Dreamlike	o Majestic	o Timeless	o Dilapidated	o Rundown	o Unwanted
o Dreamy	o Melodious	o Tranquil	o Dingy	o Rusty	o Unwelcomed
o Dynamic	o Mesmerizing	o Tranquilizing	o Dirty	o Shabby	o Unwelcoming
o Earthy	o Misty	o Unadulterated	o Disgusting	o Shattered	o Unwholesome
o Eclectic	o Musical	o Unblemished	o Dismal	o Sinister	o Unworthy
o Ecstatic	o Mystical	o Uncharted	o Dispiriting	o Smelly	o Worn-down
o Effervescent	o Nestled	o Undiscovered	o Distressed	o Smoky	o Worn-out
o Effortless	o Nostalgic	o Undisturbed	o Drab	o Smoggy	o Wretched
o Elysian	o Nurturing	o Unexplored	o Dreary	o Spooky	o _____
o Enchanting	o Oasis	o Unforgettable	o Dull	o Squalid	o _____
o Endearing	o Paradise	o Unfrequented	o Evil	o Stagnant	o _____
o Enigmatic	o Peaceful	o Uninhabited	o Faded	o Stark	o _____
o Enlivening	o Peace-giving	o Uninhibited	o Filthy	o Stifling	o _____
o Enrapturing	o Picturesque	o Unpretentious	o Foreboding	o Tangled	o _____
o Enthralling	o Playful	o Unspoiled	o Forsaken	o Tumultuous	o _____
o Enveloping	o Pristine	o Untouched	o Foul-smelling	o Unadorned	o _____
o Ethereal	o Pulsating	o Untroubled	o Fractured	o Unappealing	o _____
o Euphoric	o Quaint	o Uplifting	o Frightening	o Unattended	o _____
o Evocative	o Quiet	o Utopian	o Funereal	o Unattractive	o _____
o Exciting	o Quirky	o Verdant	o Ghastly	o Uncelebrated	o _____
o Exhilarating	o Radiant	o Vibrant	o Gloomy	o Uncomfortable	o _____
o Exotic	o Refined	o Vibrating	o Grubby	o Uncomforting	
o Exquisite	o Refreshing	o Vivid	o Grungy	o Unexciting	
o Flawless	o Remote	o Welcoming	o Harsh	o Unforgiving	
o Flourishing	o Resplendent	o Whimsical	o Haunted	o Unfortunate	
o Friendly	o Rhapsodic	o Whispering	o Hostile	o Unfriendly	
o Glistening	o Romantic	o Wondrous	o Impoverished	o Unhygienic	
o Glorious	o Rugged	o Zen-like	o Infested	o Unimpressive	

Place Name and Nicknames	Location	Time Period
Short Description of Place		Form of Government/Rule
Who Lives There Now?	Who Has Lived There in the Past?	

Describe the History of this Location

Significance in the Story

What is used for money/commerce here?	What do people do for employment?
How are people educated?	What forms of worship do people have, if any?
What level of technology is available here?	How do people heal the sick or injured?
How do people mark the passage of time?	Any rituals, celebrations or coming of age rites of passage?
What types of animals live in this place, if any?	What kind of plants live in this place, if any?

Does this place have magical abilities? If so, what kind?

Are there magical objects in this place? If so, what kind?

What else makes this place special or unusual?

Review the descriptive words below to think about your location and check the ones that apply. Then, use the next pages to write out descriptions and/or draw maps and sketches of the place you are creating:

o Large City	o Large Building	o Hot	o Mountains	o Oceans	o Earth
o Small City	o Home	o Dry	o Desert	o Lakes	o Earth-like Planet
o Market Town	o Cottage	o Temperate	o Forest	o Rivers	o Non-Earth-like
o Small town	o Villa	o Rainy	o Woodland	o Streams	Planet
o Village	o Manor House	o Cold	o Flat Plains	o Waterfalls	o Other known Planet
o Rural	o Castle	o Snowy	o High Elevation	o No water	o Not described
o No community	o Not applicable	o Windy	o Low Elevation	features	o _____
o _____	o _____	o _____	o _____	o _____	

Positive Descriptors			Negative Descriptors		
o Abundant	o Glowing	o Rustic	o Abandoned	o Intimidating	o Uninhabitable
o Abuzz	o Graceful	o Scenic	o Barren	o Isolated	o Uninspired
o Alluring	o Grand	o Seasonal	o Bleak	o Joyless	o Uninspiring
o Ancient	o Harmonious	o Secluded	o Blemished	o Lamentable	o Uninteresting
o Authentic	o Harmonizing	o Secret	o Blighted	o Lousy	o Uninvigorating
o Awe-inspiring	o Heartwarming	o Serenade	o Boring	o Melancholic	o Uninviting
o Blissful	o Heavenly	o Serendipitous	o Chaotic	o Miserable	o Unkempt
o Breathless	o Hidden	o Serene	o Clammy	o Monotonous	o Unlivable
o Breathtaking	o Hushed	o Serpentine	o Cluttered	o Muddy	o Unloved
o Calming	o Hypnotic	o Shimmering	o Cramped	o Musty	o Unmemorable
o Captivating	o Idyllic	o Solitary	o Creepy	o Neglected	o Unnerving
o Carefree	o Immersive	o Soothing	o Crowded	o Negligent	o Unpleasant
o Charismatic	o Impressive	o Sparkling	o Crumbling	o Ominous	o Unpleasant-
o Charming	o Inspiring	o Spectacular	o Cursed	o Oppressive	smelling
o Chill	o Intimate	o Spellbinding	o Decaying	o Overwhelming	o Unpromising
o Circular	o Invigorating	o Spirited	o Decrepit	o Polluted	o Unpropitious
o Colorful	o Inviting	o Sprawling	o Depressing	o Rancid	o Unremarkable
o Cosmopolitan	o Irresistible	o Square	o Deranged	o Repellant	o Unrewarding
o Cozy	o Joyful	o Stunning	o Derelict	o Repugnant	o Unsafe
o Dazzling	o Lively	o Sun-kissed	o Desolate	o Repulsive	o Unsanitary
o Delicate	o Lush	o Sunny	o Desperate	o Rotten	o Unsecured
o Delightful	o Magical	o Tantalizing	o Despicable	o Ruined	o Unsettling
o Dreamlike	o Majestic	o Timeless	o Dilapidated	o Rundown	o Unwanted
o Dreamy	o Melodious	o Tranquil	o Dingy	o Rusty	o Unwelcomed
o Dynamic	o Mesmerizing	o Tranquilizing	o Dirty	o Shabby	o Unwelcoming
o Earthy	o Misty	o Unadulterated	o Disgusting	o Shattered	o Unwholesome
o Eclectic	o Musical	o Unblemished	o Dismal	o Sinister	o Unworthy
o Ecstatic	o Mystical	o Uncharted	o Dispiriting	o Smelly	o Worn-down
o Effervescent	o Nestled	o Undiscovered	o Distressed	o Smoky	o Worn-out
o Effortless	o Nostalgic	o Undisturbed	o Drab	o Smoggy	o Wretched
o Elysian	o Nurturing	o Unexplored	o Dreary	o Spooky	o _____
o Enchanting	o Oasis	o Unforgettable	o Dull	o Squalid	o _____
o Endearing	o Paradise	o Unfrequented	o Evil	o Stagnant	o _____
o Enigmatic	o Peaceful	o Uninhabited	o Faded	o Stark	o _____
o Enlivening	o Peace-giving	o Uninhibited	o Filthy	o Stifling	o _____
o Enrapturing	o Picturesque	o Unpretentious	o Foreboding	o Tangled	o _____
o Enthralling	o Playful	o Unspoiled	o Forsaken	o Tumultuous	o _____
o Enveloping	o Pristine	o Untouched	o Foul-smelling	o Unadorned	o _____
o Ethereal	o Pulsating	o Untroubled	o Fractured	o Unappealing	o _____
o Euphoric	o Quaint	o Uplifting	o Frightening	o Unattended	o _____
o Evocative	o Quiet	o Utopian	o Funereal	o Unattractive	o _____
o Exciting	o Quirky	o Verdant	o Ghastly	o Uncelebrated	o _____
o Exhilarating	o Radiant	o Vibrant	o Gloomy	o Uncomfortable	o _____
o Exotic	o Refined	o Vibrating	o Grubby	o Uncomforting	o _____
o Exquisite	o Refreshing	o Vivid	o Grungy	o Unexciting	o _____
o Flawless	o Remote	o Welcoming	o Harsh	o Unforgiving	o _____
o Flourishing	o Resplendent	o Whimsical	o Haunted	o Unfortunate	o _____
o Friendly	o Rhapsodic	o Whispering	o Hostile	o Unfriendly	o _____
o Glistening	o Romantic	o Wondrous	o Impoverished	o Unhygienic	
o Glorious	o Rugged	o Zen-like	o Infested	o Unimpressive	

Place Name and Nicknames	Location	Time Period

Short Description of Place	Form of Government/Rule

Who Lives There Now?	Who Has Lived There in the Past?

Describe the History of this Location

Significance in the Story

What is used for money/commerce here?	What do people do for employment?

How are people educated?	What forms of worship do people have, if any?

What level of technology is available here?	How do people heal the sick or injured?

How do people mark the passage of time?	Any rituals, celebrations or coming of age rites of passage?

What types of animals live in this place, if any?	What kind of plants live in this place, if any?

Does this place have magical abilities? If so, what kind?

Are there magical objects in this place? If so, what kind?

What else makes this place special or unusual?

Review the descriptive words below to think about your location and check the ones that apply. Then, use the next pages to write out descriptions and/or draw maps and sketches of the place you are creating:

o Large City	o Large Building	o Hot	o Mountains	o Oceans	o Earth
o Small City	o Home	o Dry	o Desert	o Lakes	o Earth-like Planet
o Market Town	o Cottage	o Temperate	o Forest	o Rivers	o Non-Earth-like
o Small town	o Villa	o Rainy	o Woodland	o Streams	Planet
o Village	o Manor House	o Cold	o Flat Plains	o Waterfalls	o Other known Planet
o Rural	o Castle	o Snowy	o High Elevation	o No water	o Not described
o No community	o Not applicable	o Windy	o Low Elevation	features	o _____
o _____	o _____	o _____	o _____	o _____	

Positive Descriptors			Negative Descriptors		
o Abundant	o Glowing	o Rustic	o Abandoned	o Intimidating	o Uninhabitable
o Abuzz	o Graceful	o Scenic	o Barren	o Isolated	o Uninspired
o Alluring	o Grand	o Seasonal	o Bleak	o Joyless	o Uninspiring
o Ancient	o Harmonious	o Secluded	o Blemished	o Lamentable	o Uninteresting
o Authentic	o Harmonizing	o Secret	o Blighted	o Lousy	o Uninvigorating
o Awe-inspiring	o Heartwarming	o Serenade	o Boring	o Melancholic	o Uninviting
o Blissful	o Heavenly	o Serendipitous	o Chaotic	o Miserable	o Unkempt
o Breathless	o Hidden	o Serene	o Clammy	o Monotonous	o Unlivable
o Breathtaking	o Hushed	o Serpentine	o Cluttered	o Muddy	o Unloved
o Calming	o Hypnotic	o Shimmering	o Cramped	o Musty	o Unmemorable
o Captivating	o Idyllic	o Solitary	o Creepy	o Neglected	o Unnerving
o Carefree	o Immersive	o Soothing	o Crowded	o Negligent	o Unpleasant
o Charismatic	o Impressive	o Sparkling	o Crumbling	o Ominous	o Unpleasant-
o Charming	o Inspiring	o Spectacular	o Cursed	o Oppressive	smelling
o Chill	o Intimate	o Spellbinding	o Decaying	o Overwhelming	o Unpromising
o Circular	o Invigorating	o Spirited	o Decrepit	o Polluted	o Unpropitious
o Colorful	o Inviting	o Sprawling	o Depressing	o Rancid	o Unremarkable
o Cosmopolitan	o Irresistible	o Square	o Deranged	o Repellant	o Unrewarding
o Cozy	o Joyful	o Stunning	o Derelict	o Repugnant	o Unsafe
o Dazzling	o Lively	o Sun-kissed	o Desolate	o Repulsive	o Unsanitary
o Delicate	o Lush	o Sunny	o Desperate	o Rotten	o Unsecured
o Delightful	o Magical	o Tantalizing	o Despicable	o Ruined	o Unsettling
o Dreamlike	o Majestic	o Timeless	o Dilapidated	o Rundown	o Unwanted
o Dreamy	o Melodious	o Tranquil	o Dingy	o Rusty	o Unwelcomed
o Dynamic	o Mesmerizing	o Tranquilizing	o Dirty	o Shabby	o Unwelcoming
o Earthy	o Misty	o Unadulterated	o Disgusting	o Shattered	o Unwholesome
o Eclectic	o Musical	o Unblemished	o Dismal	o Sinister	o Unworthy
o Ecstatic	o Mystical	o Uncharted	o Dispiriting	o Smelly	o Worn-down
o Effervescent	o Nestled	o Undiscovered	o Distressed	o Smoky	o Worn-out
o Effortless	o Nostalgic	o Undisturbed	o Drab	o Smoggy	o Wretched
o Elysian	o Nurturing	o Unexplored	o Dreary	o Spooky	o _____
o Enchanting	o Oasis	o Unforgettable	o Dull	o Squalid	o _____
o Endearing	o Paradise	o Unfrequented	o Evil	o Stagnant	o _____
o Enigmatic	o Peaceful	o Uninhabited	o Faded	o Stark	o _____
o Enlivening	o Peace-giving	o Uninhibited	o Filthy	o Stifling	o _____
o Enrapturing	o Picturesque	o Unpretentious	o Foreboding	o Tangled	o _____
o Enthralling	o Playful	o Unspoiled	o Forsaken	o Tumultuous	o _____
o Enveloping	o Pristine	o Untouched	o Foul-smelling	o Unadorned	o _____
o Ethereal	o Pulsating	o Untroubled	o Fractured	o Unappealing	o _____
o Euphoric	o Quaint	o Uplifting	o Frightening	o Unattended	o _____
o Evocative	o Quiet	o Utopian	o Funereal	o Unattractive	o _____
o Exciting	o Quirky	o Verdant	o Ghastly	o Uncelebrated	o _____
o Exhilarating	o Radiant	o Vibrant	o Gloomy	o Uncomfortable	o _____
o Exotic	o Refined	o Vibrating	o Grubby	o Uncomforting	o _____
o Exquisite	o Refreshing	o Vivid	o Grungy	o Unexciting	o _____
o Flawless	o Remote	o Welcoming	o Harsh	o Unforgiving	o _____
o Flourishing	o Resplendent	o Whimsical	o Haunted	o Unfortunate	o _____
o Friendly	o Rhapsodic	o Whispering	o Hostile	o Unfriendly	o _____
o Glistening	o Romantic	o Wondrous	o Impoverished	o Unhygienic	
o Glorious	o Rugged	o Zen-like	o Infested	o Unimpressive	

Place Name and Nicknames	Location	Time Period
Short Description of Place		**Form of Government/Rule**
Who Lives There Now?	**Who Has Lived There in the Past?**	

Describe the History of this Location

Significance in the Story

What is used for money/commerce here?	What do people do for employment?
How are people educated?	What forms of worship do people have, if any?
What level of technology is available here?	How do people heal the sick or injured?
How do people mark the passage of time?	Any rituals, celebrations or coming of age rites of passage?
What types of animals live in this place, if any?	What kind of plants live in this place, if any?

Does this place have magical abilities? If so, what kind?

Are there magical objects in this place? If so, what kind?

What else makes this place special or unusual?

Review the descriptive words below to think about your location and check the ones that apply. Then, use the next pages to write out descriptions and/or draw maps and sketches of the place you are creating:

o Large City	o Large Building	o Hot	o Mountains	o Oceans	o Earth
o Small City	o Home	o Dry	o Desert	o Lakes	o Earth-like Planet
o Market Town	o Cottage	o Temperate	o Forest	o Rivers	o Non-Earth-like
o Small town	o Villa	o Rainy	o Woodland	o Streams	Planet
o Village	o Manor House	o Cold	o Flat Plains	o Waterfalls	o Other known Planet
o Rural	o Castle	o Snowy	o High Elevation	o No water	o Not described
o No community	o Not applicable	o Windy	o Low Elevation	features	o _____
o _____	o _____	o _____	o _____	o _____	

Positive Descriptors			Negative Descriptors		
o Abundant	o Glowing	o Rustic	o Abandoned	o Intimidating	o Uninhabitable
o Abuzz	o Graceful	o Scenic	o Barren	o Isolated	o Uninspired
o Alluring	o Grand	o Seasonal	o Bleak	o Joyless	o Uninspiring
o Ancient	o Harmonious	o Secluded	o Blemished	o Lamentable	o Uninteresting
o Authentic	o Harmonizing	o Secret	o Blighted	o Lousy	o Uninvigorating
o Awe-inspiring	o Heartwarming	o Serenade	o Boring	o Melancholic	o Uninviting
o Blissful	o Heavenly	o Serendipitous	o Chaotic	o Miserable	o Unkempt
o Breathless	o Hidden	o Serene	o Clammy	o Monotonous	o Unlivable
o Breathtaking	o Hushed	o Serpentine	o Cluttered	o Muddy	o Unloved
o Calming	o Hypnotic	o Shimmering	o Cramped	o Musty	o Unmemorable
o Captivating	o Idyllic	o Solitary	o Creepy	o Neglected	o Unnerving
o Carefree	o Immersive	o Soothing	o Crowded	o Negligent	o Unpleasant
o Charismatic	o Impressive	o Sparkling	o Crumbling	o Ominous	o Unpleasant-
o Charming	o Inspiring	o Spectacular	o Cursed	o Oppressive	smelling
o Chill	o Intimate	o Spellbinding	o Decaying	o Overwhelming	o Unpromising
o Circular	o Invigorating	o Spirited	o Decrepit	o Polluted	o Unpropitious
o Colorful	o Inviting	o Sprawling	o Depressing	o Rancid	o Unremarkable
o Cosmopolitan	o Irresistible	o Square	o Deranged	o Repellant	o Unrewarding
o Cozy	o Joyful	o Stunning	o Derelict	o Repugnant	o Unsafe
o Dazzling	o Lively	o Sun-kissed	o Desolate	o Repulsive	o Unsanitary
o Delicate	o Lush	o Sunny	o Desperate	o Rotten	o Unsecured
o Delightful	o Magical	o Tantalizing	o Despicable	o Ruined	o Unsettling
o Dreamlike	o Majestic	o Timeless	o Dilapidated	o Rundown	o Unwanted
o Dreamy	o Melodious	o Tranquil	o Dingy	o Rusty	o Unwelcomed
o Dynamic	o Mesmerizing	o Tranquilizing	o Dirty	o Shabby	o Unwelcoming
o Earthy	o Misty	o Unadulterated	o Disgusting	o Shattered	o Unwholesome
o Eclectic	o Musical	o Unblemished	o Dismal	o Sinister	o Unworthy
o Ecstatic	o Mystical	o Uncharted	o Dispiriting	o Smelly	o Worn-down
o Effervescent	o Nestled	o Undiscovered	o Distressed	o Smoky	o Worn-out
o Effortless	o Nostalgic	o Undisturbed	o Drab	o Smoggy	o Wretched
o Elysian	o Nurturing	o Unexplored	o Dreary	o Spooky	o _____
o Enchanting	o Oasis	o Unforgettable	o Dull	o Squalid	o _____
o Endearing	o Paradise	o Unfrequented	o Evil	o Stagnant	o _____
o Enigmatic	o Peaceful	o Uninhabited	o Faded	o Stark	o _____
o Enlivening	o Peace-giving	o Uninhibited	o Filthy	o Stifling	o _____
o Enrapturing	o Picturesque	o Unpretentious	o Foreboding	o Tangled	o _____
o Enthralling	o Playful	o Unspoiled	o Forsaken	o Tumultuous	o _____
o Enveloping	o Pristine	o Untouched	o Foul-smelling	o Unadorned	o _____
o Ethereal	o Pulsating	o Untroubled	o Fractured	o Unappealing	o _____
o Euphoric	o Quaint	o Uplifting	o Frightening	o Unattended	o _____
o Evocative	o Quiet	o Utopian	o Funereal	o Unattractive	o _____
o Exciting	o Quirky	o Verdant	o Ghastly	o Uncelebrated	o _____
o Exhilarating	o Radiant	o Vibrant	o Gloomy	o Uncomfortable	o _____
o Exotic	o Refined	o Vibrating	o Grubby	o Uncomforting	o _____
o Exquisite	o Refreshing	o Vivid	o Grungy	o Unexciting	o _____
o Flawless	o Remote	o Welcoming	o Harsh	o Unforgiving	o _____
o Flourishing	o Resplendent	o Whimsical	o Haunted	o Unfortunate	o _____
o Friendly	o Rhapsodic	o Whispering	o Hostile	o Unfriendly	o _____
o Glistening	o Romantic	o Wondrous	o Impoverished	o Unhygienic	
o Glorious	o Rugged	o Zen-like	o Infested	o Unimpressive	

Place Name and Nicknames	Location	Time Period
Short Description of Place		**Form of Government/Rule**
Who Lives There Now?	**Who Has Lived There in the Past?**	

Describe the History of this Location

Significance in the Story

What is used for money/commerce here?	What do people do for employment?
How are people educated?	What forms of worship do people have, if any?
What level of technology is available here?	How do people heal the sick or injured?
How do people mark the passage of time?	Any rituals, celebrations or coming of age rites of passage?
What types of animals live in this place, if any?	What kind of plants live in this place, if any?

Does this place have magical abilities? If so, what kind?

Are there magical objects in this place? If so, what kind?

What else makes this place special or unusual?

Review the descriptive words below to think about your location and check the ones that apply. Then, use the next pages to write out descriptions and/or draw maps and sketches of the place you are creating:

o Large City	o Large Building	o Hot	o Mountains	o Oceans	o Earth
o Small City	o Home	o Dry	o Desert	o Lakes	o Earth-like Planet
o Market Town	o Cottage	o Temperate	o Forest	o Rivers	o Non-Earth-like
o Small town	o Villa	o Rainy	o Woodland	o Streams	Planet
o Village	o Manor House	o Cold	o Flat Plains	o Waterfalls	o Other known Planet
o Rural	o Castle	o Snowy	o High Elevation	o No water	o Not described
o No community	o Not applicable	o Windy	o Low Elevation	features	o _____
o _____	o _____	o _____	o _____	o _____	

Positive Descriptors			Negative Descriptors		
o Abundant	o Glowing	o Rustic	o Abandoned	o Intimidating	o Uninhabitable
o Abuzz	o Graceful	o Scenic	o Barren	o Isolated	o Uninspired
o Alluring	o Grand	o Seasonal	o Bleak	o Joyless	o Uninspiring
o Ancient	o Harmonious	o Secluded	o Blemished	o Lamentable	o Uninteresting
o Authentic	o Harmonizing	o Secret	o Blighted	o Lousy	o Uninvigorating
o Awe-inspiring	o Heartwarming	o Serenade	o Boring	o Melancholic	o Uninviting
o Blissful	o Heavenly	o Serendipitous	o Chaotic	o Miserable	o Unkempt
o Breathless	o Hidden	o Serene	o Clammy	o Monotonous	o Unlivable
o Breathtaking	o Hushed	o Serpentine	o Cluttered	o Muddy	o Unloved
o Calming	o Hypnotic	o Shimmering	o Cramped	o Musty	o Unmemorable
o Captivating	o Idyllic	o Solitary	o Creepy	o Neglected	o Unnerving
o Carefree	o Immersive	o Soothing	o Crowded	o Negligent	o Unpleasant
o Charismatic	o Impressive	o Sparkling	o Crumbling	o Ominous	o Unpleasant-
o Charming	o Inspiring	o Spectacular	o Cursed	o Oppressive	smelling
o Chill	o Intimate	o Spellbinding	o Decaying	o Overwhelming	o Unpromising
o Circular	o Invigorating	o Spirited	o Decrepit	o Polluted	o Unpropitious
o Colorful	o Inviting	o Sprawling	o Depressing	o Rancid	o Unremarkable
o Cosmopolitan	o Irresistible	o Square	o Deranged	o Repellant	o Unrewarding
o Cozy	o Joyful	o Stunning	o Derelict	o Repugnant	o Unsafe
o Dazzling	o Lively	o Sun-kissed	o Desolate	o Repulsive	o Unsanitary
o Delicate	o Lush	o Sunny	o Desperate	o Rotten	o Unsecured
o Delightful	o Magical	o Tantalizing	o Despicable	o Ruined	o Unsettling
o Dreamlike	o Majestic	o Timeless	o Dilapidated	o Rundown	o Unwanted
o Dreamy	o Melodious	o Tranquil	o Dingy	o Rusty	o Unwelcomed
o Dynamic	o Mesmerizing	o Tranquilizing	o Dirty	o Shabby	o Unwelcoming
o Earthy	o Misty	o Unadulterated	o Disgusting	o Shattered	o Unwholesome
o Eclectic	o Musical	o Unblemished	o Dismal	o Sinister	o Unworthy
o Ecstatic	o Mystical	o Uncharted	o Dispiriting	o Smelly	o Worn-down
o Effervescent	o Nestled	o Undiscovered	o Distressed	o Smoky	o Worn-out
o Effortless	o Nostalgic	o Undisturbed	o Drab	o Smoggy	o Wretched
o Elysian	o Nurturing	o Unexplored	o Dreary	o Spooky	o _____
o Enchanting	o Oasis	o Unforgettable	o Dull	o Squalid	o _____
o Endearing	o Paradise	o Unfrequented	o Evil	o Stagnant	o _____
o Enigmatic	o Peaceful	o Uninhabited	o Faded	o Stark	o _____
o Enlivening	o Peace-giving	o Uninhibited	o Filthy	o Stifling	o _____
o Enrapturing	o Picturesque	o Unpretentious	o Foreboding	o Tangled	o _____
o Enthralling	o Playful	o Unspoiled	o Forsaken	o Tumultuous	o _____
o Enveloping	o Pristine	o Untouched	o Foul-smelling	o Unadorned	o _____
o Ethereal	o Pulsating	o Untroubled	o Fractured	o Unappealing	o _____
o Euphoric	o Quaint	o Uplifting	o Frightening	o Unattended	o _____
o Evocative	o Quiet	o Utopian	o Funereal	o Unattractive	o _____
o Exciting	o Quirky	o Verdant	o Ghastly	o Uncelebrated	o _____
o Exhilarating	o Radiant	o Vibrant	o Gloomy	o Uncomfortable	o _____
o Exotic	o Refined	o Vibrating	o Grubby	o Uncomforting	o _____
o Exquisite	o Refreshing	o Vivid	o Grungy	o Unexciting	o _____
o Flawless	o Remote	o Welcoming	o Harsh	o Unforgiving	o _____
o Flourishing	o Resplendent	o Whimsical	o Haunted	o Unfortunate	o _____
o Friendly	o Rhapsodic	o Whispering	o Hostile	o Unfriendly	o _____
o Glistening	o Romantic	o Wondrous	o Impoverished	o Unhygienic	
o Glorious	o Rugged	o Zen-like	o Infested	o Unimpressive	

Place Name and Nicknames	Location	Time Period
Short Description of Place		**Form of Government/Rule**
Who Lives There Now?	**Who Has Lived There in the Past?**	
Describe the History of this Location		
Significance in the Story		
What is used for money/commerce here?	**What do people do for employment?**	
How are people educated?	**What forms of worship do people have, if any?**	
What level of technology is available here?	**How do people heal the sick or injured?**	
How do people mark the passage of time?	**Any rituals, celebrations or coming of age rites of passage?**	
What types of animals live in this place, if any?	**What kind of plants live in this place, if any?**	

Does this place have magical abilities? If so, what kind?

Are there magical objects in this place? If so, what kind?

What else makes this place special or unusual?

Review the descriptive words below to think about your location and check the ones that apply. Then, use the next pages to write out descriptions and/or draw maps and sketches of the place you are creating:

o Large City	o Large Building	o Hot	o Mountains	o Oceans	o Earth
o Small City	o Home	o Dry	o Desert	o Lakes	o Earth-like Planet
o Market Town	o Cottage	o Temperate	o Forest	o Rivers	o Non-Earth-like
o Small town	o Villa	o Rainy	o Woodland	o Streams	Planet
o Village	o Manor House	o Cold	o Flat Plains	o Waterfalls	o Other known Planet
o Rural	o Castle	o Snowy	o High Elevation	o No water	o Not described
o No community	o Not applicable	o Windy	o Low Elevation	features	o _____
o _____	o _____	o _____	o _____	o _____	

	Positive Descriptors			**Negative Descriptors**	
o Abundant	o Glowing	o Rustic	o Abandoned	o Intimidating	o Uninhabitable
o Abuzz	o Graceful	o Scenic	o Barren	o Isolated	o Uninspired
o Alluring	o Grand	o Seasonal	o Bleak	o Joyless	o Uninspiring
o Ancient	o Harmonious	o Secluded	o Blemished	o Lamentable	o Uninteresting
o Authentic	o Harmonizing	o Secret	o Blighted	o Lousy	o Uninvigorating
o Awe-inspiring	o Heartwarming	o Serenade	o Boring	o Melancholic	o Uninviting
o Blissful	o Heavenly	o Serendipitous	o Chaotic	o Miserable	o Unkempt
o Breathless	o Hidden	o Serene	o Clammy	o Monotonous	o Unlivable
o Breathtaking	o Hushed	o Serpentine	o Cluttered	o Muddy	o Unloved
o Calming	o Hypnotic	o Shimmering	o Cramped	o Musty	o Unmemorable
o Captivating	o Idyllic	o Solitary	o Creepy	o Neglected	o Unnerving
o Carefree	o Immersive	o Soothing	o Crowded	o Negligent	o Unpleasant
o Charismatic	o Impressive	o Sparkling	o Crumbling	o Ominous	o Unpleasant-
o Charming	o Inspiring	o Spectacular	o Cursed	o Oppressive	smelling
o Chill	o Intimate	o Spellbinding	o Decaying	o Overwhelming	o Unpromising
o Circular	o Invigorating	o Spirited	o Decrepit	o Polluted	o Unpropitious
o Colorful	o Inviting	o Sprawling	o Depressing	o Rancid	o Unremarkable
o Cosmopolitan	o Irresistible	o Square	o Deranged	o Repellant	o Unrewarding
o Cozy	o Joyful	o Stunning	o Derelict	o Repugnant	o Unsafe
o Dazzling	o Lively	o Sun-kissed	o Desolate	o Repulsive	o Unsanitary
o Delicate	o Lush	o Sunny	o Desperate	o Rotten	o Unsecured
o Delightful	o Magical	o Tantalizing	o Despicable	o Ruined	o Unsettling
o Dreamlike	o Majestic	o Timeless	o Dilapidated	o Rundown	o Unwanted
o Dreamy	o Melodious	o Tranquil	o Dingy	o Rusty	o Unwelcomed
o Dynamic	o Mesmerizing	o Tranquilizing	o Dirty	o Shabby	o Unwelcoming
o Earthy	o Misty	o Unadulterated	o Disgusting	o Shattered	o Unwholesome
o Eclectic	o Musical	o Unblemished	o Dismal	o Sinister	o Unworthy
o Ecstatic	o Mystical	o Uncharted	o Dispiriting	o Smelly	o Worn-down
o Effervescent	o Nestled	o Undiscovered	o Distressed	o Smoky	o Worn-out
o Effortless	o Nostalgic	o Undisturbed	o Drab	o Smoggy	o Wretched
o Elysian	o Nurturing	o Unexplored	o Dreary	o Spooky	o _____
o Enchanting	o Oasis	o Unforgettable	o Dull	o Squalid	o _____
o Endearing	o Paradise	o Unfrequented	o Evil	o Stagnant	o _____
o Enigmatic	o Peaceful	o Uninhabited	o Faded	o Stark	o _____
o Enlivening	o Peace-giving	o Uninhibited	o Filthy	o Stifling	o _____
o Enrapturing	o Picturesque	o Unpretentious	o Foreboding	o Tangled	o _____
o Enthralling	o Playful	o Unspoiled	o Forsaken	o Tumultuous	o _____
o Enveloping	o Pristine	o Untouched	o Foul-smelling	o Unadorned	o _____
o Ethereal	o Pulsating	o Untroubled	o Fractured	o Unappealing	o _____
o Euphoric	o Quaint	o Uplifting	o Frightening	o Unattended	o _____
o Evocative	o Quiet	o Utopian	o Funereal	o Unattractive	o _____
o Exciting	o Quirky	o Verdant	o Ghastly	o Uncelebrated	o _____
o Exhilarating	o Radiant	o Vibrant	o Gloomy	o Uncomfortable	o _____
o Exotic	o Refined	o Vibrating	o Grubby	o Uncomforting	o _____
o Exquisite	o Refreshing	o Vivid	o Grungy	o Unexciting	o _____
o Flawless	o Remote	o Welcoming	o Harsh	o Unforgiving	o _____
o Flourishing	o Resplendent	o Whimsical	o Haunted	o Unfortunate	o _____
o Friendly	o Rhapsodic	o Whispering	o Hostile	o Unfriendly	o _____
o Glistening	o Romantic	o Wondrous	o Impoverished	o Unhygienic	
o Glorious	o Rugged	o Zen-like	o Infested	o Unimpressive	

Place Name and Nicknames	Location	Time Period

Short Description of Place		Form of Government/Rule

Who Lives There Now?	Who Has Lived There in the Past?

Describe the History of this Location

Significance in the Story

What is used for money/commerce here?	What do people do for employment?

How are people educated?	What forms of worship do people have, if any?

What level of technology is available here?	How do people heal the sick or injured?

How do people mark the passage of time?	Any rituals, celebrations or coming of age rites of passage?

What types of animals live in this place, if any?	What kind of plants live in this place, if any?

Does this place have magical abilities? If so, what kind?

Are there magical objects in this place? If so, what kind?

What else makes this place special or unusual?

Review the descriptive words below to think about your location and check the ones that apply. Then, use the next pages to write out descriptions and/or draw maps and sketches of the place you are creating:

o Large City	o Large Building	o Hot	o Mountains	o Oceans	o Earth
o Small City	o Home	o Dry	o Desert	o Lakes	o Earth-like Planet
o Market Town	o Cottage	o Temperate	o Forest	o Rivers	o Non-Earth-like
o Small town	o Villa	o Rainy	o Woodland	o Streams	Planet
o Village	o Manor House	o Cold	o Flat Plains	o Waterfalls	o Other known Planet
o Rural	o Castle	o Snowy	o High Elevation	o No water	o Not described
o No community	o Not applicable	o Windy	o Low Elevation	features	o _____
o _____	o _____	o _____	o _____	o _____	

	Positive Descriptors			Negative Descriptors	
o Abundant	o Glowing	o Rustic	o Abandoned	o Intimidating	o Uninhabitable
o Abuzz	o Graceful	o Scenic	o Barren	o Isolated	o Uninspired
o Alluring	o Grand	o Seasonal	o Bleak	o Joyless	o Uninspiring
o Ancient	o Harmonious	o Secluded	o Blemished	o Lamentable	o Uninteresting
o Authentic	o Harmonizing	o Secret	o Blighted	o Lousy	o Uninvigorating
o Awe-inspiring	o Heartwarming	o Serenade	o Boring	o Melancholic	o Uninviting
o Blissful	o Heavenly	o Serendipitous	o Chaotic	o Miserable	o Unkempt
o Breathless	o Hidden	o Serene	o Clammy	o Monotonous	o Unlivable
o Breathtaking	o Hushed	o Serpentine	o Cluttered	o Muddy	o Unloved
o Calming	o Hypnotic	o Shimmering	o Cramped	o Musty	o Unmemorable
o Captivating	o Idyllic	o Solitary	o Creepy	o Neglected	o Unnerving
o Carefree	o Immersive	o Soothing	o Crowded	o Negligent	o Unpleasant
o Charismatic	o Impressive	o Sparkling	o Crumbling	o Ominous	o Unpleasant-
o Charming	o Inspiring	o Spectacular	o Cursed	o Oppressive	smelling
o Chill	o Intimate	o Spellbinding	o Decaying	o Overwhelming	o Unpromising
o Circular	o Invigorating	o Spirited	o Decrepit	o Polluted	o Unpropitious
o Colorful	o Inviting	o Sprawling	o Depressing	o Rancid	o Unremarkable
o Cosmopolitan	o Irresistible	o Square	o Deranged	o Repellant	o Unrewarding
o Cozy	o Joyful	o Stunning	o Derelict	o Repugnant	o Unsafe
o Dazzling	o Lively	o Sun-kissed	o Desolate	o Repulsive	o Unsanitary
o Delicate	o Lush	o Sunny	o Desperate	o Rotten	o Unsecured
o Delightful	o Magical	o Tantalizing	o Despicable	o Ruined	o Unsettling
o Dreamlike	o Majestic	o Timeless	o Dilapidated	o Rundown	o Unwanted
o Dreamy	o Melodious	o Tranquil	o Dingy	o Rusty	o Unwelcomed
o Dynamic	o Mesmerizing	o Tranquilizing	o Dirty	o Shabby	o Unwelcoming
o Earthy	o Misty	o Unadulterated	o Disgusting	o Shattered	o Unwholesome
o Eclectic	o Musical	o Unblemished	o Dismal	o Sinister	o Unworthy
o Ecstatic	o Mystical	o Uncharted	o Dispiriting	o Smelly	o Worn-down
o Effervescent	o Nestled	o Undiscovered	o Distressed	o Smoky	o Worn-out
o Effortless	o Nostalgic	o Undisturbed	o Drab	o Smoggy	o Wretched
o Elysian	o Nurturing	o Unexplored	o Dreary	o Spooky	o _____
o Enchanting	o Oasis	o Unforgettable	o Dull	o Squalid	o _____
o Endearing	o Paradise	o Unfrequented	o Evil	o Stagnant	o _____
o Enigmatic	o Peaceful	o Uninhabited	o Faded	o Stark	o _____
o Enlivening	o Peace-giving	o Uninhibited	o Filthy	o Stifling	o _____
o Enrapturing	o Picturesque	o Unpretentious	o Foreboding	o Tangled	o _____
o Enthralling	o Playful	o Unspoiled	o Forsaken	o Tumultuous	o _____
o Enveloping	o Pristine	o Untouched	o Foul-smelling	o Unadorned	o _____
o Ethereal	o Pulsating	o Untroubled	o Fractured	o Unappealing	o _____
o Euphoric	o Quaint	o Uplifting	o Frightening	o Unattended	o _____
o Evocative	o Quiet	o Utopian	o Funereal	o Unattractive	o _____
o Exciting	o Quirky	o Verdant	o Ghastly	o Uncelebrated	o _____
o Exhilarating	o Radiant	o Vibrant	o Gloomy	o Uncomfortable	o _____
o Exotic	o Refined	o Vibrating	o Grubby	o Uncomforting	o _____
o Exquisite	o Refreshing	o Vivid	o Grungy	o Unexciting	o _____
o Flawless	o Remote	o Welcoming	o Harsh	o Unforgiving	o _____
o Flourishing	o Resplendent	o Whimsical	o Haunted	o Unfortunate	o _____
o Friendly	o Rhapsodic	o Whispering	o Hostile	o Unfriendly	o _____
o Glistening	o Romantic	o Wondrous	o Impoverished	o Unhygienic	
o Glorious	o Rugged	o Zen-like	o Infested	o Unimpressive	

Place Name and Nicknames	Location	Time Period
Short Description of Place		Form of Government/Rule
Who Lives There Now?	Who Has Lived There in the Past?	

Describe the History of this Location

Significance in the Story

What is used for money/commerce here?	What do people do for employment?
How are people educated?	What forms of worship do people have, if any?
What level of technology is available here?	How do people heal the sick or injured?
How do people mark the passage of time?	Any rituals, celebrations or coming of age rites of passage?
What types of animals live in this place, if any?	What kind of plants live in this place, if any?

Does this place have magical abilities? If so, what kind?

Are there magical objects in this place? If so, what kind?

What else makes this place special or unusual?

Review the descriptive words below to think about your location and check the ones that apply. Then, use the next pages to write out descriptions and/or draw maps and sketches of the place you are creating:

o Large City	o Large Building	o Hot	o Mountains	o Oceans	o Earth
o Small City	o Home	o Dry	o Desert	o Lakes	o Earth-like Planet
o Market Town	o Cottage	o Temperate	o Forest	o Rivers	o Non-Earth-like
o Small town	o Villa	o Rainy	o Woodland	o Streams	Planet
o Village	o Manor House	o Cold	o Flat Plains	o Waterfalls	o Other known Planet
o Rural	o Castle	o Snowy	o High Elevation	o No water	o Not described
o No community	o Not applicable	o Windy	o Low Elevation	features	o _____
o _____	o _____	o _____	o _____	o _____	

Positive Descriptors			Negative Descriptors		
o Abundant	o Glowing	o Rustic	o Abandoned	o Intimidating	o Uninhabitable
o Abuzz	o Graceful	o Scenic	o Barren	o Isolated	o Uninspired
o Alluring	o Grand	o Seasonal	o Bleak	o Joyless	o Uninspiring
o Ancient	o Harmonious	o Secluded	o Blemished	o Lamentable	o Uninteresting
o Authentic	o Harmonizing	o Secret	o Blighted	o Lousy	o Uninvigorating
o Awe-inspiring	o Heartwarming	o Serenade	o Boring	o Melancholic	o Uninviting
o Blissful	o Heavenly	o Serendipitous	o Chaotic	o Miserable	o Unkempt
o Breathless	o Hidden	o Serene	o Clammy	o Monotonous	o Unlivable
o Breathtaking	o Hushed	o Serpentine	o Cluttered	o Muddy	o Unloved
o Calming	o Hypnotic	o Shimmering	o Cramped	o Musty	o Unmemorable
o Captivating	o Idyllic	o Solitary	o Creepy	o Neglected	o Unnerving
o Carefree	o Immersive	o Soothing	o Crowded	o Negligent	o Unpleasant
o Charismatic	o Impressive	o Sparkling	o Crumbling	o Ominous	o Unpleasant-
o Charming	o Inspiring	o Spectacular	o Cursed	o Oppressive	smelling
o Chill	o Intimate	o Spellbinding	o Decaying	o Overwhelming	o Unpromising
o Circular	o Invigorating	o Spirited	o Decrepit	o Polluted	o Unpropitious
o Colorful	o Inviting	o Sprawling	o Depressing	o Rancid	o Unremarkable
o Cosmopolitan	o Irresistible	o Square	o Deranged	o Repellant	o Unrewarding
o Cozy	o Joyful	o Stunning	o Derelict	o Repugnant	o Unsafe
o Dazzling	o Lively	o Sun-kissed	o Desolate	o Repulsive	o Unsanitary
o Delicate	o Lush	o Sunny	o Desperate	o Rotten	o Unsecured
o Delightful	o Magical	o Tantalizing	o Despicable	o Ruined	o Unsettling
o Dreamlike	o Majestic	o Timeless	o Dilapidated	o Rundown	o Unwanted
o Dreamy	o Melodious	o Tranquil	o Dingy	o Rusty	o Unwelcomed
o Dynamic	o Mesmerizing	o Tranquilizing	o Dirty	o Shabby	o Unwelcoming
o Earthy	o Misty	o Unadulterated	o Disgusting	o Shattered	o Unwholesome
o Eclectic	o Musical	o Unblemished	o Dismal	o Sinister	o Unworthy
o Ecstatic	o Mystical	o Uncharted	o Dispiriting	o Smelly	o Worn-down
o Effervescent	o Nestled	o Undiscovered	o Distressed	o Smoky	o Worn-out
o Effortless	o Nostalgic	o Undisturbed	o Drab	o Smoggy	o Wretched
o Elysian	o Nurturing	o Unexplored	o Dreary	o Spooky	o _____
o Enchanting	o Oasis	o Unforgettable	o Dull	o Squalid	o _____
o Endearing	o Paradise	o Unfrequented	o Evil	o Stagnant	o _____
o Enigmatic	o Peaceful	o Uninhabited	o Faded	o Stark	o _____
o Enlivening	o Peace-giving	o Uninhibited	o Filthy	o Stifling	o _____
o Enrapturing	o Picturesque	o Unpretentious	o Foreboding	o Tangled	o _____
o Enthralling	o Playful	o Unspoiled	o Forsaken	o Tumultuous	o _____
o Enveloping	o Pristine	o Untouched	o Foul-smelling	o Unadorned	o _____
o Ethereal	o Pulsating	o Untroubled	o Fractured	o Unappealing	o _____
o Euphoric	o Quaint	o Uplifting	o Frightening	o Unattended	o _____
o Evocative	o Quiet	o Utopian	o Funereal	o Unattractive	o _____
o Exciting	o Quirky	o Verdant	o Ghastly	o Uncelebrated	o _____
o Exhilarating	o Radiant	o Vibrant	o Gloomy	o Uncomfortable	o _____
o Exotic	o Refined	o Vibrating	o Grubby	o Uncomforting	o _____
o Exquisite	o Refreshing	o Vivid	o Grungy	o Unexciting	o _____
o Flawless	o Remote	o Welcoming	o Harsh	o Unforgiving	o _____
o Flourishing	o Resplendent	o Whimsical	o Haunted	o Unfortunate	o _____
o Friendly	o Rhapsodic	o Whispering	o Hostile	o Unfriendly	o _____
o Glistening	o Romantic	o Wondrous	o Impoverished	o Unhygienic	
o Glorious	o Rugged	o Zen-like	o Infested	o Unimpressive	

Descriptions, Maps and Sketches

Descriptions, Maps and Sketches

Place Name and Nicknames	Location	Time Period
Short Description of Place		**Form of Government/Rule**
Who Lives There Now?	**Who Has Lived There in the Past?**	

Describe the History of this Location

Significance in the Story

What is used for money/commerce here?	What do people do for employment?
How are people educated?	What forms of worship do people have, if any?
What level of technology is available here?	How do people heal the sick or injured?
How do people mark the passage of time?	Any rituals, celebrations or coming of age rites of passage?
What types of animals live in this place, if any?	What kind of plants live in this place, if any?

Does this place have magical abilities? If so, what kind?

Are there magical objects in this place? If so, what kind?

What else makes this place special or unusual?

Review the descriptive words below to think about your location and check the ones that apply. Then, use the next pages to write out descriptions and/or draw maps and sketches of the place you are creating:

o Large City	o Large Building	o Hot	o Mountains	o Oceans	o Earth
o Small City	o Home	o Dry	o Desert	o Lakes	o Earth-like Planet
o Market Town	o Cottage	o Temperate	o Forest	o Rivers	o Non-Earth-like
o Small town	o Villa	o Rainy	o Woodland	o Streams	Planet
o Village	o Manor House	o Cold	o Flat Plains	o Waterfalls	o Other known Planet
o Rural	o Castle	o Snowy	o High Elevation	o No water	o Not described
o No community	o Not applicable	o Windy	o Low Elevation	features	o _____
o _____	o _____	o _____	o _____	o _____	

Positive Descriptors			Negative Descriptors		
o Abundant	o Glowing	o Rustic	o Abandoned	o Intimidating	o Uninhabitable
o Abuzz	o Graceful	o Scenic	o Barren	o Isolated	o Uninspired
o Alluring	o Grand	o Seasonal	o Bleak	o Joyless	o Uninspiring
o Ancient	o Harmonious	o Secluded	o Blemished	o Lamentable	o Uninteresting
o Authentic	o Harmonizing	o Secret	o Blighted	o Lousy	o Uninvigorating
o Awe-inspiring	o Heartwarming	o Serenade	o Boring	o Melancholic	o Uninviting
o Blissful	o Heavenly	o Serendipitous	o Chaotic	o Miserable	o Unkempt
o Breathless	o Hidden	o Serene	o Clammy	o Monotonous	o Unlivable
o Breathtaking	o Hushed	o Serpentine	o Cluttered	o Muddy	o Unloved
o Calming	o Hypnotic	o Shimmering	o Cramped	o Musty	o Unmemorable
o Captivating	o Idyllic	o Solitary	o Creepy	o Neglected	o Unnerving
o Carefree	o Immersive	o Soothing	o Crowded	o Negligent	o Unpleasant
o Charismatic	o Impressive	o Sparkling	o Crumbling	o Ominous	o Unpleasant-
o Charming	o Inspiring	o Spectacular	o Cursed	o Oppressive	smelling
o Chill	o Intimate	o Spellbinding	o Decaying	o Overwhelming	o Unpromising
o Circular	o Invigorating	o Spirited	o Decrepit	o Polluted	o Unpropitious
o Colorful	o Inviting	o Sprawling	o Depressing	o Rancid	o Unremarkable
o Cosmopolitan	o Irresistible	o Square	o Deranged	o Repellant	o Unrewarding
o Cozy	o Joyful	o Stunning	o Derelict	o Repugnant	o Unsafe
o Dazzling	o Lively	o Sun-kissed	o Desolate	o Repulsive	o Unsanitary
o Delicate	o Lush	o Sunny	o Desperate	o Rotten	o Unsecured
o Delightful	o Magical	o Tantalizing	o Despicable	o Ruined	o Unsettling
o Dreamlike	o Majestic	o Timeless	o Dilapidated	o Rundown	o Unwanted
o Dreamy	o Melodious	o Tranquil	o Dingy	o Rusty	o Unwelcomed
o Dynamic	o Mesmerizing	o Tranquilizing	o Dirty	o Shabby	o Unwelcoming
o Earthy	o Misty	o Unadulterated	o Disgusting	o Shattered	o Unwholesome
o Eclectic	o Musical	o Unblemished	o Dismal	o Sinister	o Unworthy
o Ecstatic	o Mystical	o Uncharted	o Dispiriting	o Smelly	o Worn-down
o Effervescent	o Nestled	o Undiscovered	o Distressed	o Smoky	o Worn-out
o Effortless	o Nostalgic	o Undisturbed	o Drab	o Smoggy	o Wretched
o Elysian	o Nurturing	o Unexplored	o Dreary	o Spooky	o _____
o Enchanting	o Oasis	o Unforgettable	o Dull	o Squalid	o _____
o Endearing	o Paradise	o Unfrequented	o Evil	o Stagnant	o _____
o Enigmatic	o Peaceful	o Uninhabited	o Faded	o Stark	o _____
o Enlivening	o Peace-giving	o Uninhibited	o Filthy	o Stifling	o _____
o Enrapturing	o Picturesque	o Unpretentious	o Foreboding	o Tangled	o _____
o Enthralling	o Playful	o Unspoiled	o Forsaken	o Tumultuous	o _____
o Enveloping	o Pristine	o Untouched	o Foul-smelling	o Unadorned	o _____
o Ethereal	o Pulsating	o Untroubled	o Fractured	o Unappealing	o _____
o Euphoric	o Quaint	o Uplifting	o Frightening	o Unattended	o _____
o Evocative	o Quiet	o Utopian	o Funereal	o Unattractive	o _____
o Exciting	o Quirky	o Verdant	o Ghastly	o Uncelebrated	o _____
o Exhilarating	o Radiant	o Vibrant	o Gloomy	o Uncomfortable	o _____
o Exotic	o Refined	o Vibrating	o Grubby	o Uncomforting	o _____
o Exquisite	o Refreshing	o Vivid	o Grungy	o Unexciting	o _____
o Flawless	o Remote	o Welcoming	o Harsh	o Unforgiving	o _____
o Flourishing	o Resplendent	o Whimsical	o Haunted	o Unfortunate	o _____
o Friendly	o Rhapsodic	o Whispering	o Hostile	o Unfriendly	o _____
o Glistening	o Romantic	o Wondrous	o Impoverished	o Unhygienic	
o Glorious	o Rugged	o Zen-like	o Infested	o Unimpressive	

Descriptions, Maps and Sketches

Place Name and Nicknames	Location	Time Period
Short Description of Place		Form of Government/Rule
Who Lives There Now?	Who Has Lived There in the Past?	
Describe the History of this Location		
Significance in the Story		
What is used for money/commerce here?	What do people do for employment?	
How are people educated?	What forms of worship do people have, if any?	
What level of technology is available here?	How do people heal the sick or injured?	
How do people mark the passage of time?	Any rituals, celebrations or coming of age rites of passage?	
What types of animals live in this place, if any?	What kind of plants live in this place, if any?	

Does this place have magical abilities? If so, what kind?

Are there magical objects in this place? If so, what kind?

What else makes this place special or unusual?

Review the descriptive words below to think about your location and check the ones that apply. Then, use the next pages to write out descriptions and/or draw maps and sketches of the place you are creating:

o Large City	o Large Building	o Hot	o Mountains	o Oceans	o Earth
o Small City	o Home	o Dry	o Desert	o Lakes	o Earth-like Planet
o Market Town	o Cottage	o Temperate	o Forest	o Rivers	o Non-Earth-like
o Small town	o Villa	o Rainy	o Woodland	o Streams	Planet
o Village	o Manor House	o Cold	o Flat Plains	o Waterfalls	o Other known Planet
o Rural	o Castle	o Snowy	o High Elevation	o No water	o Not described
o No community	o Not applicable	o Windy	o Low Elevation	features	o _____
o _____	o _____	o _____	o _____	o _____	

Positive Descriptors			Negative Descriptors		
o Abundant	o Glowing	o Rustic	o Abandoned	o Intimidating	o Uninhabitable
o Abuzz	o Graceful	o Scenic	o Barren	o Isolated	o Uninspired
o Alluring	o Grand	o Seasonal	o Bleak	o Joyless	o Uninspiring
o Ancient	o Harmonious	o Secluded	o Blemished	o Lamentable	o Uninteresting
o Authentic	o Harmonizing	o Secret	o Blighted	o Lousy	o Uninvigorating
o Awe-inspiring	o Heartwarming	o Serenade	o Boring	o Melancholic	o Uninviting
o Blissful	o Heavenly	o Serendipitous	o Chaotic	o Miserable	o Unkempt
o Breathless	o Hidden	o Serene	o Clammy	o Monotonous	o Unlivable
o Breathtaking	o Hushed	o Serpentine	o Cluttered	o Muddy	o Unloved
o Calming	o Hypnotic	o Shimmering	o Cramped	o Musty	o Unmemorable
o Captivating	o Idyllic	o Solitary	o Creepy	o Neglected	o Unnerving
o Carefree	o Immersive	o Soothing	o Crowded	o Negligent	o Unpleasant
o Charismatic	o Impressive	o Sparkling	o Crumbling	o Ominous	o Unpleasant-
o Charming	o Inspiring	o Spectacular	o Cursed	o Oppressive	smelling
o Chill	o Intimate	o Spellbinding	o Decaying	o Overwhelming	o Unpromising
o Circular	o Invigorating	o Spirited	o Decrepit	o Polluted	o Unpropitious
o Colorful	o Inviting	o Sprawling	o Depressing	o Rancid	o Unremarkable
o Cosmopolitan	o Irresistible	o Square	o Deranged	o Repellant	o Unrewarding
o Cozy	o Joyful	o Stunning	o Derelict	o Repugnant	o Unsafe
o Dazzling	o Lively	o Sun-kissed	o Desolate	o Repulsive	o Unsanitary
o Delicate	o Lush	o Sunny	o Desperate	o Rotten	o Unsecured
o Delightful	o Magical	o Tantalizing	o Despicable	o Ruined	o Unsettling
o Dreamlike	o Majestic	o Timeless	o Dilapidated	o Rundown	o Unwanted
o Dreamy	o Melodious	o Tranquil	o Dingy	o Rusty	o Unwelcomed
o Dynamic	o Mesmerizing	o Tranquilizing	o Dirty	o Shabby	o Unwelcoming
o Earthy	o Misty	o Unadulterated	o Disgusting	o Shattered	o Unwholesome
o Eclectic	o Musical	o Unblemished	o Dismal	o Sinister	o Unworthy
o Ecstatic	o Mystical	o Uncharted	o Dispiriting	o Smelly	o Worn-down
o Effervescent	o Nestled	o Undiscovered	o Distressed	o Smoky	o Worn-out
o Effortless	o Nostalgic	o Undisturbed	o Drab	o Smoggy	o Wretched
o Elysian	o Nurturing	o Unexplored	o Dreary	o Spooky	o _____
o Enchanting	o Oasis	o Unforgettable	o Dull	o Squalid	o _____
o Endearing	o Paradise	o Unfrequented	o Evil	o Stagnant	o _____
o Enigmatic	o Peaceful	o Uninhabited	o Faded	o Stark	o _____
o Enlivening	o Peace-giving	o Uninhibited	o Filthy	o Stifling	o _____
o Enrapturing	o Picturesque	o Unpretentious	o Foreboding	o Tangled	o _____
o Enthralling	o Playful	o Unspoiled	o Forsaken	o Tumultuous	o _____
o Enveloping	o Pristine	o Untouched	o Foul-smelling	o Unadorned	o _____
o Ethereal	o Pulsating	o Untroubled	o Fractured	o Unappealing	o _____
o Euphoric	o Quaint	o Uplifting	o Frightening	o Unattended	o _____
o Evocative	o Quiet	o Utopian	o Funereal	o Unattractive	o _____
o Exciting	o Quirky	o Verdant	o Ghastly	o Uncelebrated	o _____
o Exhilarating	o Radiant	o Vibrant	o Gloomy	o Uncomfortable	o _____
o Exotic	o Refined	o Vibrating	o Grubby	o Uncomforting	o _____
o Exquisite	o Refreshing	o Vivid	o Grungy	o Unexciting	o _____
o Flawless	o Remote	o Welcoming	o Harsh	o Unforgiving	o _____
o Flourishing	o Resplendent	o Whimsical	o Haunted	o Unfortunate	o _____
o Friendly	o Rhapsodic	o Whispering	o Hostile	o Unfriendly	o _____
o Glistening	o Romantic	o Wondrous	o Impoverished	o Unhygienic	
o Glorious	o Rugged	o Zen-like	o Infested	o Unimpressive	

Descriptions, Maps and Sketches

Place Name and Nicknames	Location	Time Period

Short Description of Place	Form of Government/Rule

Who Lives There Now?	Who Has Lived There in the Past?

Describe the History of this Location

Significance in the Story

What is used for money/commerce here?	What do people do for employment?

How are people educated?	What forms of worship do people have, if any?

What level of technology is available here?	How do people heal the sick or injured?

How do people mark the passage of time?	Any rituals, celebrations or coming of age rites of passage?

What types of animals live in this place, if any?	What kind of plants live in this place, if any?

Does this place have magical abilities? If so, what kind?

Are there magical objects in this place? If so, what kind?

What else makes this place special or unusual?

Review the descriptive words below to think about your location and check the ones that apply. Then, use the next pages to write out descriptions and/or draw maps and sketches of the place you are creating:

o Large City	o Large Building	o Hot	o Mountains	o Oceans	o Earth
o Small City	o Home	o Dry	o Desert	o Lakes	o Earth-like Planet
o Market Town	o Cottage	o Temperate	o Forest	o Rivers	o Non-Earth-like
o Small town	o Villa	o Rainy	o Woodland	o Streams	Planet
o Village	o Manor House	o Cold	o Flat Plains	o Waterfalls	o Other known Planet
o Rural	o Castle	o Snowy	o High Elevation	o No water	o Not described
o No community	o Not applicable	o Windy	o Low Elevation	features	o _____
o _____	o _____	o _____	o _____	o _____	

Positive Descriptors			Negative Descriptors		
o Abundant	o Glowing	o Rustic	o Abandoned	o Intimidating	o Uninhabitable
o Abuzz	o Graceful	o Scenic	o Barren	o Isolated	o Uninspired
o Alluring	o Grand	o Seasonal	o Bleak	o Joyless	o Uninspiring
o Ancient	o Harmonious	o Secluded	o Blemished	o Lamentable	o Uninteresting
o Authentic	o Harmonizing	o Secret	o Blighted	o Lousy	o Uninvigorating
o Awe-inspiring	o Heartwarming	o Serenade	o Boring	o Melancholic	o Uninviting
o Blissful	o Heavenly	o Serendipitous	o Chaotic	o Miserable	o Unkempt
o Breathless	o Hidden	o Serene	o Clammy	o Monotonous	o Unlivable
o Breathtaking	o Hushed	o Serpentine	o Cluttered	o Muddy	o Unloved
o Calming	o Hypnotic	o Shimmering	o Cramped	o Musty	o Unmemorable
o Captivating	o Idyllic	o Solitary	o Creepy	o Neglected	o Unnerving
o Carefree	o Immersive	o Soothing	o Crowded	o Negligent	o Unpleasant
o Charismatic	o Impressive	o Sparkling	o Crumbling	o Ominous	o Unpleasant-
o Charming	o Inspiring	o Spectacular	o Cursed	o Oppressive	smelling
o Chill	o Intimate	o Spellbinding	o Decaying	o Overwhelming	o Unpromising
o Circular	o Invigorating	o Spirited	o Decrepit	o Polluted	o Unpropitious
o Colorful	o Inviting	o Sprawling	o Depressing	o Rancid	o Unremarkable
o Cosmopolitan	o Irresistible	o Square	o Deranged	o Repellant	o Unrewarding
o Cozy	o Joyful	o Stunning	o Derelict	o Repugnant	o Unsafe
o Dazzling	o Lively	o Sun-kissed	o Desolate	o Repulsive	o Unsanitary
o Delicate	o Lush	o Sunny	o Desperate	o Rotten	o Unsecured
o Delightful	o Magical	o Tantalizing	o Despicable	o Ruined	o Unsettling
o Dreamlike	o Majestic	o Timeless	o Dilapidated	o Rundown	o Unwanted
o Dreamy	o Melodious	o Tranquil	o Dingy	o Rusty	o Unwelcomed
o Dynamic	o Mesmerizing	o Tranquilizing	o Dirty	o Shabby	o Unwelcoming
o Earthy	o Misty	o Unadulterated	o Disgusting	o Shattered	o Unwholesome
o Eclectic	o Musical	o Unblemished	o Dismal	o Sinister	o Unworthy
o Ecstatic	o Mystical	o Uncharted	o Dispiriting	o Smelly	o Worn-down
o Effervescent	o Nestled	o Undiscovered	o Distressed	o Smoky	o Worn-out
o Effortless	o Nostalgic	o Undisturbed	o Drab	o Smoggy	o Wretched
o Elysian	o Nurturing	o Unexplored	o Dreary	o Spooky	
o Enchanting	o Oasis	o Unforgettable	o Dull	o Squalid	o _____
o Endearing	o Paradise	o Unfrequented	o Evil	o Stagnant	o _____
o Enigmatic	o Peaceful	o Uninhabited	o Faded	o Stark	o _____
o Enlivening	o Peace-giving	o Uninhibited	o Filthy	o Stifling	o _____
o Enrapturing	o Picturesque	o Unpretentious	o Foreboding	o Tangled	o _____
o Enthralling	o Playful	o Unspoiled	o Forsaken	o Tumultuous	o _____
o Enveloping	o Pristine	o Untouched	o Foul-smelling	o Unadorned	o _____
o Ethereal	o Pulsating	o Untroubled	o Fractured	o Unappealing	o _____
o Euphoric	o Quaint	o Uplifting	o Frightening	o Unattended	o _____
o Evocative	o Quiet	o Utopian	o Funereal	o Unattractive	o _____
o Exciting	o Quirky	o Verdant	o Ghastly	o Uncelebrated	o _____
o Exhilarating	o Radiant	o Vibrant	o Gloomy	o Uncomfortable	o _____
o Exotic	o Refined	o Vibrating	o Grubby	o Uncomforting	o _____
o Exquisite	o Refreshing	o Vivid	o Grungy	o Unexciting	o _____
o Flawless	o Remote	o Welcoming	o Harsh	o Unforgiving	o _____
o Flourishing	o Resplendent	o Whimsical	o Haunted	o Unfortunate	o _____
o Friendly	o Rhapsodic	o Whispering	o Hostile	o Unfriendly	o _____
o Glistening	o Romantic	o Wondrous	o Impoverished	o Unhygienic	
o Glorious	o Rugged	o Zen-like	o Infested	o Unimpressive	

Place Name and Nicknames	Location	Time Period
Short Description of Place		**Form of Government/Rule**
Who Lives There Now?	**Who Has Lived There in the Past?**	

Describe the History of this Location

Significance in the Story

What is used for money/commerce here?	What do people do for employment?
How are people educated?	**What forms of worship do people have, if any?**
What level of technology is available here?	**How do people heal the sick or injured?**
How do people mark the passage of time?	**Any rituals, celebrations or coming of age rites of passage?**
What types of animals live in this place, if any?	**What kind of plants live in this place, if any?**

Does this place have magical abilities? If so, what kind?

Are there magical objects in this place? If so, what kind?

What else makes this place special or unusual?

Review the descriptive words below to think about your location and check the ones that apply. Then, use the next pages to write out descriptions and/or draw maps and sketches of the place you are creating:

o Large City	o Large Building	o Hot	o Mountains	o Oceans	o Earth
o Small City	o Home	o Dry	o Desert	o Lakes	o Earth-like Planet
o Market Town	o Cottage	o Temperate	o Forest	o Rivers	o Non-Earth-like
o Small town	o Villa	o Rainy	o Woodland	o Streams	Planet
o Village	o Manor House	o Cold	o Flat Plains	o Waterfalls	o Other known Planet
o Rural	o Castle	o Snowy	o High Elevation	o No water	o Not described
o No community	o Not applicable	o Windy	o Low Elevation	features	o _____
o _____	o _____	o _____	o _____	o _____	

Positive Descriptors			Negative Descriptors		
o Abundant	o Glowing	o Rustic	o Abandoned	o Intimidating	o Uninhabitable
o Abuzz	o Graceful	o Scenic	o Barren	o Isolated	o Uninspired
o Alluring	o Grand	o Seasonal	o Bleak	o Joyless	o Uninspiring
o Ancient	o Harmonious	o Secluded	o Blemished	o Lamentable	o Uninteresting
o Authentic	o Harmonizing	o Secret	o Blighted	o Lousy	o Uninvigorating
o Awe-inspiring	o Heartwarming	o Serenade	o Boring	o Melancholic	o Uninviting
o Blissful	o Heavenly	o Serendipitous	o Chaotic	o Miserable	o Unkempt
o Breathless	o Hidden	o Serene	o Clammy	o Monotonous	o Unlivable
o Breathtaking	o Hushed	o Serpentine	o Cluttered	o Muddy	o Unloved
o Calming	o Hypnotic	o Shimmering	o Cramped	o Musty	o Unmemorable
o Captivating	o Idyllic	o Solitary	o Creepy	o Neglected	o Unnerving
o Carefree	o Immersive	o Soothing	o Crowded	o Negligent	o Unpleasant
o Charismatic	o Impressive	o Sparkling	o Crumbling	o Ominous	o Unpleasant-
o Charming	o Inspiring	o Spectacular	o Cursed	o Oppressive	smelling
o Chill	o Intimate	o Spellbinding	o Decaying	o Overwhelming	o Unpromising
o Circular	o Invigorating	o Spirited	o Decrepit	o Polluted	o Unpropitious
o Colorful	o Inviting	o Sprawling	o Depressing	o Rancid	o Unremarkable
o Cosmopolitan	o Irresistible	o Square	o Deranged	o Repellant	o Unrewarding
o Cozy	o Joyful	o Stunning	o Derelict	o Repugnant	o Unsafe
o Dazzling	o Lively	o Sun-kissed	o Desolate	o Repulsive	o Unsanitary
o Delicate	o Lush	o Sunny	o Desperate	o Rotten	o Unsecured
o Delightful	o Magical	o Tantalizing	o Despicable	o Ruined	o Unsettling
o Dreamlike	o Majestic	o Timeless	o Dilapidated	o Rundown	o Unwanted
o Dreamy	o Melodious	o Tranquil	o Dingy	o Rusty	o Unwelcomed
o Dynamic	o Mesmerizing	o Tranquilizing	o Dirty	o Shabby	o Unwelcoming
o Earthy	o Misty	o Unadulterated	o Disgusting	o Shattered	o Unwholesome
o Eclectic	o Musical	o Unblemished	o Dismal	o Sinister	o Unworthy
o Ecstatic	o Mystical	o Uncharted	o Dispiriting	o Smelly	o Worn-down
o Effervescent	o Nestled	o Undiscovered	o Distressed	o Smoky	o Worn-out
o Effortless	o Nostalgic	o Undisturbed	o Drab	o Smoggy	o Wretched
o Elysian	o Nurturing	o Unexplored	o Dreary	o Spooky	o _____
o Enchanting	o Oasis	o Unforgettable	o Dull	o Squalid	o _____
o Endearing	o Paradise	o Unfrequented	o Evil	o Stagnant	o _____
o Enigmatic	o Peaceful	o Uninhabited	o Faded	o Stark	o _____
o Enlivening	o Peace-giving	o Uninhibited	o Filthy	o Stifling	o _____
o Enrapturing	o Picturesque	o Unpretentious	o Foreboding	o Tangled	o _____
o Enthralling	o Playful	o Unspoiled	o Forsaken	o Tumultuous	o _____
o Enveloping	o Pristine	o Untouched	o Foul-smelling	o Unadorned	o _____
o Ethereal	o Pulsating	o Untroubled	o Fractured	o Unappealing	o _____
o Euphoric	o Quaint	o Uplifting	o Frightening	o Unattended	o _____
o Evocative	o Quiet	o Utopian	o Funereal	o Unattractive	o _____
o Exciting	o Quirky	o Verdant	o Ghastly	o Uncelebrated	o _____
o Exhilarating	o Radiant	o Vibrant	o Gloomy	o Uncomfortable	o _____
o Exotic	o Refined	o Vibrating	o Grubby	o Uncomforting	o _____
o Exquisite	o Refreshing	o Vivid	o Grungy	o Unexciting	o _____
o Flawless	o Remote	o Welcoming	o Harsh	o Unforgiving	o _____
o Flourishing	o Resplendent	o Whimsical	o Haunted	o Unfortunate	o _____
o Friendly	o Rhapsodic	o Whispering	o Hostile	o Unfriendly	o _____
o Glistening	o Romantic	o Wondrous	o Impoverished	o Unhygienic	
o Glorious	o Rugged	o Zen-like	o Infested	o Unimpressive	

Place Name and Nicknames	Location	Time Period

Short Description of Place		Form of Government/Rule

Who Lives There Now?	Who Has Lived There in the Past?

Describe the History of this Location

Significance in the Story

What is used for money/commerce here?	What do people do for employment?

How are people educated?	What forms of worship do people have, if any?

What level of technology is available here?	How do people heal the sick or injured?

How do people mark the passage of time?	Any rituals, celebrations or coming of age rites of passage?

What types of animals live in this place, if any?	What kind of plants live in this place, if any?

Does this place have magical abilities? If so, what kind?

Are there magical objects in this place? If so, what kind?

What else makes this place special or unusual?

Review the descriptive words below to think about your location and check the ones that apply. Then, use the next pages to write out descriptions and/or draw maps and sketches of the place you are creating:

o Large City	o Large Building	o Hot	o Mountains	o Oceans	o Earth
o Small City	o Home	o Dry	o Desert	o Lakes	o Earth-like Planet
o Market Town	o Cottage	o Temperate	o Forest	o Rivers	o Non-Earth-like
o Small town	o Villa	o Rainy	o Woodland	o Streams	Planet
o Village	o Manor House	o Cold	o Flat Plains	o Waterfalls	o Other known Planet
o Rural	o Castle	o Snowy	o High Elevation	o No water	o Not described
o No community	o Not applicable	o Windy	o Low Elevation	features	o _____
o _____	o _____	o _____	o _____	o _____	

Positive Descriptors			Negative Descriptors		
o Abundant	o Glowing	o Rustic	o Abandoned	o Intimidating	o Uninhabitable
o Abuzz	o Graceful	o Scenic	o Barren	o Isolated	o Uninspired
o Alluring	o Grand	o Seasonal	o Bleak	o Joyless	o Uninspiring
o Ancient	o Harmonious	o Secluded	o Blemished	o Lamentable	o Uninteresting
o Authentic	o Harmonizing	o Secret	o Blighted	o Lousy	o Uninvigorating
o Awe-inspiring	o Heartwarming	o Serenade	o Boring	o Melancholic	o Uninviting
o Blissful	o Heavenly	o Serendipitous	o Chaotic	o Miserable	o Unkempt
o Breathless	o Hidden	o Serene	o Clammy	o Monotonous	o Unlivable
o Breathtaking	o Hushed	o Serpentine	o Cluttered	o Muddy	o Unloved
o Calming	o Hypnotic	o Shimmering	o Cramped	o Musty	o Unmemorable
o Captivating	o Idyllic	o Solitary	o Creepy	o Neglected	o Unnerving
o Carefree	o Immersive	o Soothing	o Crowded	o Negligent	o Unpleasant
o Charismatic	o Impressive	o Sparkling	o Crumbling	o Ominous	o Unpleasant-
o Charming	o Inspiring	o Spectacular	o Cursed	o Oppressive	smelling
o Chill	o Intimate	o Spellbinding	o Decaying	o Overwhelming	o Unpromising
o Circular	o Invigorating	o Spirited	o Decrepit	o Polluted	o Unpropitious
o Colorful	o Inviting	o Sprawling	o Depressing	o Rancid	o Unremarkable
o Cosmopolitan	o Irresistible	o Square	o Deranged	o Repellant	o Unrewarding
o Cozy	o Joyful	o Stunning	o Derelict	o Repugnant	o Unsafe
o Dazzling	o Lively	o Sun-kissed	o Desolate	o Repulsive	o Unsanitary
o Delicate	o Lush	o Sunny	o Desperate	o Rotten	o Unsecured
o Delightful	o Magical	o Tantalizing	o Despicable	o Ruined	o Unsettling
o Dreamlike	o Majestic	o Timeless	o Dilapidated	o Rundown	o Unwanted
o Dreamy	o Melodious	o Tranquil	o Dingy	o Rusty	o Unwelcomed
o Dynamic	o Mesmerizing	o Tranquilizing	o Dirty	o Shabby	o Unwelcoming
o Earthy	o Misty	o Unadulterated	o Disgusting	o Shattered	o Unwholesome
o Eclectic	o Musical	o Unblemished	o Dismal	o Sinister	o Unworthy
o Ecstatic	o Mystical	o Uncharted	o Dispiriting	o Smelly	o Worn-down
o Effervescent	o Nestled	o Undiscovered	o Distressed	o Smoky	o Worn-out
o Effortless	o Nostalgic	o Undisturbed	o Drab	o Smoggy	o Wretched
o Elysian	o Nurturing	o Unexplored	o Dreary	o Spooky	o _____
o Enchanting	o Oasis	o Unforgettable	o Dull	o Squalid	o _____
o Endearing	o Paradise	o Unfrequented	o Evil	o Stagnant	o _____
o Enigmatic	o Peaceful	o Uninhabited	o Faded	o Stark	o _____
o Enlivening	o Peace-giving	o Uninhibited	o Filthy	o Stifling	o _____
o Enrapturing	o Picturesque	o Unpretentious	o Foreboding	o Tangled	o _____
o Enthralling	o Playful	o Unspoiled	o Forsaken	o Tumultuous	o _____
o Enveloping	o Pristine	o Untouched	o Foul-smelling	o Unadorned	o _____
o Ethereal	o Pulsating	o Untroubled	o Fractured	o Unappealing	o _____
o Euphoric	o Quaint	o Uplifting	o Frightening	o Unattended	o _____
o Evocative	o Quiet	o Utopian	o Funereal	o Unattractive	o _____
o Exciting	o Quirky	o Verdant	o Ghastly	o Uncelebrated	o _____
o Exhilarating	o Radiant	o Vibrant	o Gloomy	o Uncomfortable	o _____
o Exotic	o Refined	o Vibrating	o Grubby	o Uncomforting	o _____
o Exquisite	o Refreshing	o Vivid	o Grungy	o Unexciting	o _____
o Flawless	o Remote	o Welcoming	o Harsh	o Unforgiving	o _____
o Flourishing	o Resplendent	o Whimsical	o Haunted	o Unfortunate	o _____
o Friendly	o Rhapsodic	o Whispering	o Hostile	o Unfriendly	o _____
o Glistening	o Romantic	o Wondrous	o Impoverished	o Unhygienic	
o Glorious	o Rugged	o Zen-like	o Infested	o Unimpressive	

Descriptions, Maps and Sketches

Place Name and Nicknames	Location	Time Period
Short Description of Place		Form of Government/Rule
Who Lives There Now?	Who Has Lived There in the Past?	
Describe the History of this Location		
Significance in the Story		
What is used for money/commerce here?	What do people do for employment?	
How are people educated?	What forms of worship do people have, if any?	
What level of technology is available here?	How do people heal the sick or injured?	
How do people mark the passage of time?	Any rituals, celebrations or coming of age rites of passage?	
What types of animals live in this place, if any?	What kind of plants live in this place, if any?	

Does this place have magical abilities? If so, what kind?

Are there magical objects in this place? If so, what kind?

What else makes this place special or unusual?

Review the descriptive words below to think about your location and check the ones that apply. Then, use the next pages to write out descriptions and/or draw maps and sketches of the place you are creating:

o Large City	o Large Building	o Hot	o Mountains	o Oceans	o Earth
o Small City	o Home	o Dry	o Desert	o Lakes	o Earth-like Planet
o Market Town	o Cottage	o Temperate	o Forest	o Rivers	o Non-Earth-like
o Small town	o Villa	o Rainy	o Woodland	o Streams	Planet
o Village	o Manor House	o Cold	o Flat Plains	o Waterfalls	o Other known Planet
o Rural	o Castle	o Snowy	o High Elevation	o No water	o Not described
o No community	o Not applicable	o Windy	o Low Elevation	features	o _____
o _____	o	o _____	o _____	o _____	

Positive Descriptors			Negative Descriptors		
o Abundant	o Glowing	o Rustic	o Abandoned	o Intimidating	o Uninhabitable
o Abuzz	o Graceful	o Scenic	o Barren	o Isolated	o Uninspired
o Alluring	o Grand	o Seasonal	o Bleak	o Joyless	o Uninspiring
o Ancient	o Harmonious	o Secluded	o Blemished	o Lamentable	o Uninteresting
o Authentic	o Harmonizing	o Secret	o Blighted	o Lousy	o Uninvigorating
o Awe-inspiring	o Heartwarming	o Serenade	o Boring	o Melancholic	o Uninviting
o Blissful	o Heavenly	o Serendipitous	o Chaotic	o Miserable	o Unkempt
o Breathless	o Hidden	o Serene	o Clammy	o Monotonous	o Unlivable
o Breathtaking	o Hushed	o Serpentine	o Cluttered	o Muddy	o Unloved
o Calming	o Hypnotic	o Shimmering	o Cramped	o Musty	o Unmemorable
o Captivating	o Idyllic	o Solitary	o Creepy	o Neglected	o Unnerving
o Carefree	o Immersive	o Soothing	o Crowded	o Negligent	o Unpleasant
o Charismatic	o Impressive	o Sparkling	o Crumbling	o Ominous	o Unpleasant-
o Charming	o Inspiring	o Spectacular	o Cursed	o Oppressive	smelling
o Chill	o Intimate	o Spellbinding	o Decaying	o Overwhelming	o Unpromising
o Circular	o Invigorating	o Spirited	o Decrepit	o Polluted	o Unpropitious
o Colorful	o Inviting	o Sprawling	o Depressing	o Rancid	o Unremarkable
o Cosmopolitan	o Irresistible	o Square	o Deranged	o Repellant	o Unrewarding
o Cozy	o Joyful	o Stunning	o Derelict	o Repugnant	o Unsafe
o Dazzling	o Lively	o Sun-kissed	o Desolate	o Repulsive	o Unsanitary
o Delicate	o Lush	o Sunny	o Desperate	o Rotten	o Unsecured
o Delightful	o Magical	o Tantalizing	o Despicable	o Ruined	o Unsettling
o Dreamlike	o Majestic	o Timeless	o Dilapidated	o Rundown	o Unwanted
o Dreamy	o Melodious	o Tranquil	o Dingy	o Rusty	o Unwelcomed
o Dynamic	o Mesmerizing	o Tranquilizing	o Dirty	o Shabby	o Unwelcoming
o Earthy	o Misty	o Unadulterated	o Disgusting	o Shattered	o Unwholesome
o Eclectic	o Musical	o Unblemished	o Dismal	o Sinister	o Unworthy
o Ecstatic	o Mystical	o Uncharted	o Dispiriting	o Smelly	o Worn-down
o Effervescent	o Nestled	o Undiscovered	o Distressed	o Smoky	o Worn-out
o Effortless	o Nostalgic	o Undisturbed	o Drab	o Smoggy	o Wretched
o Elysian	o Nurturing	o Unexplored	o Dreary	o Spooky	o _____
o Enchanting	o Oasis	o Unforgettable	o Dull	o Squalid	o _____
o Endearing	o Paradise	o Unfrequented	o Evil	o Stagnant	o _____
o Enigmatic	o Peaceful	o Uninhabited	o Faded	o Stark	o _____
o Enlivening	o Peace-giving	o Uninhibited	o Filthy	o Stifling	o _____
o Enrapturing	o Picturesque	o Unpretentious	o Foreboding	o Tangled	o _____
o Enthralling	o Playful	o Unspoiled	o Forsaken	o Tumultuous	o _____
o Enveloping	o Pristine	o Untouched	o Foul-smelling	o Unadorned	o _____
o Ethereal	o Pulsating	o Untroubled	o Fractured	o Unappealing	o _____
o Euphoric	o Quaint	o Uplifting	o Frightening	o Unattended	o _____
o Evocative	o Quiet	o Utopian	o Funereal	o Unattractive	o _____
o Exciting	o Quirky	o Verdant	o Ghastly	o Uncelebrated	o _____
o Exhilarating	o Radiant	o Vibrant	o Gloomy	o Uncomfortable	o _____
o Exotic	o Refined	o Vibrating	o Grubby	o Uncomforting	o _____
o Exquisite	o Refreshing	o Vivid	o Grungy	o Unexciting	o _____
o Flawless	o Remote	o Welcoming	o Harsh	o Unforgiving	o _____
o Flourishing	o Resplendent	o Whimsical	o Haunted	o Unfortunate	o _____
o Friendly	o Rhapsodic	o Whispering	o Hostile	o Unfriendly	o
o Glistening	o Romantic	o Wondrous	o Impoverished	o Unhygienic	
o Glorious	o Rugged	o Zen-like	o Infested	o Unimpressive	

Descriptions, Maps and Sketches

Place Name and Nicknames	Location	Time Period
Short Description of Place		**Form of Government/Rule**
Who Lives There Now?	**Who Has Lived There in the Past?**	

Describe the History of this Location

Significance in the Story

What is used for money/commerce here?	What do people do for employment?
How are people educated?	**What forms of worship do people have, if any?**
What level of technology is available here?	**How do people heal the sick or injured?**
How do people mark the passage of time?	**Any rituals, celebrations or coming of age rites of passage?**
What types of animals live in this place, if any?	**What kind of plants live in this place, if any?**

Does this place have magical abilities? If so, what kind?

Are there magical objects in this place? If so, what kind?

What else makes this place special or unusual?

Review the descriptive words below to think about your location and check the ones that apply. Then, use the next pages to write out descriptions and/or draw maps and sketches of the place you are creating:

o Large City	o Large Building	o Hot	o Mountains	o Oceans	o Earth
o Small City	o Home	o Dry	o Desert	o Lakes	o Earth-like Planet
o Market Town	o Cottage	o Temperate	o Forest	o Rivers	o Non-Earth-like
o Small town	o Villa	o Rainy	o Woodland	o Streams	Planet
o Village	o Manor House	o Cold	o Flat Plains	o Waterfalls	o Other known Planet
o Rural	o Castle	o Snowy	o High Elevation	o No water	o Not described
o No community	o Not applicable	o Windy	o Low Elevation	features	o _____
o _____	o _____	o _____	o _____	o _____	

Positive Descriptors			Negative Descriptors		
o Abundant	o Glowing	o Rustic	o Abandoned	o Intimidating	o Uninhabitable
o Abuzz	o Graceful	o Scenic	o Barren	o Isolated	o Uninspired
o Alluring	o Grand	o Seasonal	o Bleak	o Joyless	o Uninspiring
o Ancient	o Harmonious	o Secluded	o Blemished	o Lamentable	o Uninteresting
o Authentic	o Harmonizing	o Secret	o Blighted	o Lousy	o Uninvigorating
o Awe-inspiring	o Heartwarming	o Serenade	o Boring	o Melancholic	o Uninviting
o Blissful	o Heavenly	o Serendipitous	o Chaotic	o Miserable	o Unkempt
o Breathless	o Hidden	o Serene	o Clammy	o Monotonous	o Unlivable
o Breathtaking	o Hushed	o Serpentine	o Cluttered	o Muddy	o Unloved
o Calming	o Hypnotic	o Shimmering	o Cramped	o Musty	o Unmemorable
o Captivating	o Idyllic	o Solitary	o Creepy	o Neglected	o Unnerving
o Carefree	o Immersive	o Soothing	o Crowded	o Negligent	o Unpleasant
o Charismatic	o Impressive	o Sparkling	o Crumbling	o Ominous	o Unpleasant-
o Charming	o Inspiring	o Spectacular	o Cursed	o Oppressive	smelling
o Chill	o Intimate	o Spellbinding	o Decaying	o Overwhelming	o Unpromising
o Circular	o Invigorating	o Spirited	o Decrepit	o Polluted	o Unpropitious
o Colorful	o Inviting	o Sprawling	o Depressing	o Rancid	o Unremarkable
o Cosmopolitan	o Irresistible	o Square	o Deranged	o Repellant	o Unrewarding
o Cozy	o Joyful	o Stunning	o Derelict	o Repugnant	o Unsafe
o Dazzling	o Lively	o Sun-kissed	o Desolate	o Repulsive	o Unsanitary
o Delicate	o Lush	o Sunny	o Desperate	o Rotten	o Unsecured
o Delightful	o Magical	o Tantalizing	o Despicable	o Ruined	o Unsettling
o Dreamlike	o Majestic	o Timeless	o Dilapidated	o Rundown	o Unwanted
o Dreamy	o Melodious	o Tranquil	o Dingy	o Rusty	o Unwelcomed
o Dynamic	o Mesmerizing	o Tranquilizing	o Dirty	o Shabby	o Unwelcoming
o Earthy	o Misty	o Unadulterated	o Disgusting	o Shattered	o Unwholesome
o Eclectic	o Musical	o Unblemished	o Dismal	o Sinister	o Unworthy
o Ecstatic	o Mystical	o Uncharted	o Dispiriting	o Smelly	o Worn-down
o Effervescent	o Nestled	o Undiscovered	o Distressed	o Smoky	o Worn-out
o Effortless	o Nostalgic	o Undisturbed	o Drab	o Smoggy	o Wretched
o Elysian	o Nurturing	o Unexplored	o Dreary	o Spooky	o _____
o Enchanting	o Oasis	o Unforgettable	o Dull	o Squalid	o _____
o Endearing	o Paradise	o Unfrequented	o Evil	o Stagnant	o _____
o Enigmatic	o Peaceful	o Uninhabited	o Faded	o Stark	o _____
o Enlivening	o Peace-giving	o Uninhibited	o Filthy	o Stifling	o _____
o Enrapturing	o Picturesque	o Unpretentious	o Foreboding	o Tangled	o _____
o Enthralling	o Playful	o Unspoiled	o Forsaken	o Tumultuous	o _____
o Enveloping	o Pristine	o Untouched	o Foul-smelling	o Unadorned	o _____
o Ethereal	o Pulsating	o Untroubled	o Fractured	o Unappealing	o _____
o Euphoric	o Quaint	o Uplifting	o Frightening	o Unattended	o _____
o Evocative	o Quiet	o Utopian	o Funereal	o Unattractive	o _____
o Exciting	o Quirky	o Verdant	o Ghastly	o Uncelebrated	o _____
o Exhilarating	o Radiant	o Vibrant	o Gloomy	o Uncomfortable	o _____
o Exotic	o Refined	o Vibrating	o Grubby	o Uncomforting	o _____
o Exquisite	o Refreshing	o Vivid	o Grungy	o Unexciting	o _____
o Flawless	o Remote	o Welcoming	o Harsh	o Unforgiving	o _____
o Flourishing	o Resplendent	o Whimsical	o Haunted	o Unfortunate	o _____
o Friendly	o Rhapsodic	o Whispering	o Hostile	o Unfriendly	o _____
o Glistening	o Romantic	o Wondrous	o Impoverished	o Unhygienic	
o Glorious	o Rugged	o Zen-like	o Infested	o Unimpressive	

Place Name and Nicknames	Location	Time Period

Short Description of Place		Form of Government/Rule

Who Lives There Now?	Who Has Lived There in the Past?

Describe the History of this Location

Significance in the Story

What is used for money/commerce here?	What do people do for employment?

How are people educated?	What forms of worship do people have, if any?

What level of technology is available here?	How do people heal the sick or injured?

How do people mark the passage of time?	Any rituals, celebrations or coming of age rites of passage?

What types of animals live in this place, if any?	What kind of plants live in this place, if any?

Does this place have magical abilities? If so, what kind?

Are there magical objects in this place? If so, what kind?

What else makes this place special or unusual?

Review the descriptive words below to think about your location and check the ones that apply. Then, use the next pages to write out descriptions and/or draw maps and sketches of the place you are creating:

o Large City	o Large Building	o Hot	o Mountains	o Oceans	o Earth
o Small City	o Home	o Dry	o Desert	o Lakes	o Earth-like Planet
o Market Town	o Cottage	o Temperate	o Forest	o Rivers	o Non-Earth-like
o Small town	o Villa	o Rainy	o Woodland	o Streams	Planet
o Village	o Manor House	o Cold	o Flat Plains	o Waterfalls	o Other known Planet
o Rural	o Castle	o Snowy	o High Elevation	o No water	o Not described
o No community	o Not applicable	o Windy	o Low Elevation	features	o _____
o _____	o _____	o _____	o _____	o _____	

Positive Descriptors			Negative Descriptors		
o Abundant	o Glowing	o Rustic	o Abandoned	o Intimidating	o Uninhabitable
o Abuzz	o Graceful	o Scenic	o Barren	o Isolated	o Uninspired
o Alluring	o Grand	o Seasonal	o Bleak	o Joyless	o Uninspiring
o Ancient	o Harmonious	o Secluded	o Blemished	o Lamentable	o Uninteresting
o Authentic	o Harmonizing	o Secret	o Blighted	o Lousy	o Uninvigorating
o Awe-inspiring	o Heartwarming	o Serenade	o Boring	o Melancholic	o Uninviting
o Blissful	o Heavenly	o Serendipitous	o Chaotic	o Miserable	o Unkempt
o Breathless	o Hidden	o Serene	o Clammy	o Monotonous	o Unlivable
o Breathtaking	o Hushed	o Serpentine	o Cluttered	o Muddy	o Unloved
o Calming	o Hypnotic	o Shimmering	o Cramped	o Musty	o Unmemorable
o Captivating	o Idyllic	o Solitary	o Creepy	o Neglected	o Unnerving
o Carefree	o Immersive	o Soothing	o Crowded	o Negligent	o Unpleasant
o Charismatic	o Impressive	o Sparkling	o Crumbling	o Ominous	o Unpleasant-
o Charming	o Inspiring	o Spectacular	o Cursed	o Oppressive	smelling
o Chill	o Intimate	o Spellbinding	o Decaying	o Overwhelming	o Unpromising
o Circular	o Invigorating	o Spirited	o Decrepit	o Polluted	o Unpropitious
o Colorful	o Inviting	o Sprawling	o Depressing	o Rancid	o Unremarkable
o Cosmopolitan	o Irresistible	o Square	o Deranged	o Repellant	o Unrewarding
o Cozy	o Joyful	o Stunning	o Derelict	o Repugnant	o Unsafe
o Dazzling	o Lively	o Sun-kissed	o Desolate	o Repulsive	o Unsanitary
o Delicate	o Lush	o Sunny	o Desperate	o Rotten	o Unsecured
o Delightful	o Magical	o Tantalizing	o Despicable	o Ruined	o Unsettling
o Dreamlike	o Majestic	o Timeless	o Dilapidated	o Rundown	o Unwanted
o Dreamy	o Melodious	o Tranquil	o Dingy	o Rusty	o Unwelcomed
o Dynamic	o Mesmerizing	o Tranquilizing	o Dirty	o Shabby	o Unwelcoming
o Earthy	o Misty	o Unadulterated	o Disgusting	o Shattered	o Unwholesome
o Eclectic	o Musical	o Unblemished	o Dismal	o Sinister	o Unworthy
o Ecstatic	o Mystical	o Uncharted	o Dispiriting	o Smelly	o Worn-down
o Effervescent	o Nestled	o Undiscovered	o Distressed	o Smoky	o Worn-out
o Effortless	o Nostalgic	o Undisturbed	o Drab	o Smoggy	o Wretched
o Elysian	o Nurturing	o Unexplored	o Dreary	o Spooky	o _____
o Enchanting	o Oasis	o Unforgettable	o Dull	o Squalid	o _____
o Endearing	o Paradise	o Unfrequented	o Evil	o Stagnant	o _____
o Enigmatic	o Peaceful	o Uninhabited	o Faded	o Stark	o _____
o Enlivening	o Peace-giving	o Uninhibited	o Filthy	o Stifling	o _____
o Enrapturing	o Picturesque	o Unpretentious	o Foreboding	o Tangled	o _____
o Enthralling	o Playful	o Unspoiled	o Forsaken	o Tumultuous	o _____
o Enveloping	o Pristine	o Untouched	o Foul-smelling	o Unadorned	o _____
o Ethereal	o Pulsating	o Untroubled	o Fractured	o Unappealing	o _____
o Euphoric	o Quaint	o Uplifting	o Frightening	o Unattended	o _____
o Evocative	o Quiet	o Utopian	o Funereal	o Unattractive	o _____
o Exciting	o Quirky	o Verdant	o Ghastly	o Uncelebrated	o _____
o Exhilarating	o Radiant	o Vibrant	o Gloomy	o Uncomfortable	o _____
o Exotic	o Refined	o Vibrating	o Grubby	o Uncomforting	o _____
o Exquisite	o Refreshing	o Vivid	o Grungy	o Unexciting	o _____
o Flawless	o Remote	o Welcoming	o Harsh	o Unforgiving	o _____
o Flourishing	o Resplendent	o Whimsical	o Haunted	o Unfortunate	o _____
o Friendly	o Rhapsodic	o Whispering	o Hostile	o Unfriendly	o _____
o Glistening	o Romantic	o Wondrous	o Impoverished	o Unhygienic	
o Glorious	o Rugged	o Zen-like	o Infested	o Unimpressive	

Place Name and Nicknames	Location	Time Period
Short Description of Place		**Form of Government/Rule**
Who Lives There Now?	**Who Has Lived There in the Past?**	
Describe the History of this Location		
Significance in the Story		
What is used for money/commerce here?	**What do people do for employment?**	
How are people educated?	**What forms of worship do people have, if any?**	
What level of technology is available here?	**How do people heal the sick or injured?**	
How do people mark the passage of time?	**Any rituals, celebrations or coming of age rites of passage?**	
What types of animals live in this place, if any?	**What kind of plants live in this place, if any?**	

Does this place have magical abilities? If so, what kind?

Are there magical objects in this place? If so, what kind?

What else makes this place special or unusual?

Review the descriptive words below to think about your location and check the ones that apply. Then, use the next pages to write out descriptions and/or draw maps and sketches of the place you are creating:

o Large City	o Large Building	o Hot	o Mountains	o Oceans	o Earth
o Small City	o Home	o Dry	o Desert	o Lakes	o Earth-like Planet
o Market Town	o Cottage	o Temperate	o Forest	o Rivers	o Non-Earth-like
o Small town	o Villa	o Rainy	o Woodland	o Streams	Planet
o Village	o Manor House	o Cold	o Flat Plains	o Waterfalls	o Other known Planet
o Rural	o Castle	o Snowy	o High Elevation	o No water	o Not described
o No community	o Not applicable	o Windy	o Low Elevation	features	o _____
o _____	o _____	o _____	o _____	o _____	

Positive Descriptors			Negative Descriptors		
o Abundant	o Glowing	o Rustic	o Abandoned	o Intimidating	o Uninhabitable
o Abuzz	o Graceful	o Scenic	o Barren	o Isolated	o Uninspired
o Alluring	o Grand	o Seasonal	o Bleak	o Joyless	o Uninspiring
o Ancient	o Harmonious	o Secluded	o Blemished	o Lamentable	o Uninteresting
o Authentic	o Harmonizing	o Secret	o Blighted	o Lousy	o Uninvigorating
o Awe-inspiring	o Heartwarming	o Serenade	o Boring	o Melancholic	o Uninviting
o Blissful	o Heavenly	o Serendipitous	o Chaotic	o Miserable	o Unkempt
o Breathless	o Hidden	o Serene	o Clammy	o Monotonous	o Unlivable
o Breathtaking	o Hushed	o Serpentine	o Cluttered	o Muddy	o Unloved
o Calming	o Hypnotic	o Shimmering	o Cramped	o Musty	o Unmemorable
o Captivating	o Idyllic	o Solitary	o Creepy	o Neglected	o Unnerving
o Carefree	o Immersive	o Soothing	o Crowded	o Negligent	o Unpleasant
o Charismatic	o Impressive	o Sparkling	o Crumbling	o Ominous	o Unpleasant-
o Charming	o Inspiring	o Spectacular	o Cursed	o Oppressive	smelling
o Chill	o Intimate	o Spellbinding	o Decaying	o Overwhelming	o Unpromising
o Circular	o Invigorating	o Spirited	o Decrepit	o Polluted	o Unpropitious
o Colorful	o Inviting	o Sprawling	o Depressing	o Rancid	o Unremarkable
o Cosmopolitan	o Irresistible	o Square	o Deranged	o Repellant	o Unrewarding
o Cozy	o Joyful	o Stunning	o Derelict	o Repugnant	o Unsafe
o Dazzling	o Lively	o Sun-kissed	o Desolate	o Repulsive	o Unsanitary
o Delicate	o Lush	o Sunny	o Desperate	o Rotten	o Unsecured
o Delightful	o Magical	o Tantalizing	o Despicable	o Ruined	o Unsettling
o Dreamlike	o Majestic	o Timeless	o Dilapidated	o Rundown	o Unwanted
o Dreamy	o Melodious	o Tranquil	o Dingy	o Rusty	o Unwelcomed
o Dynamic	o Mesmerizing	o Tranquilizing	o Dirty	o Shabby	o Unwelcoming
o Earthy	o Misty	o Unadulterated	o Disgusting	o Shattered	o Unwholesome
o Eclectic	o Musical	o Unblemished	o Dismal	o Sinister	o Unworthy
o Ecstatic	o Mystical	o Uncharted	o Dispiriting	o Smelly	o Worn-down
o Effervescent	o Nestled	o Undiscovered	o Distressed	o Smoky	o Worn-out
o Effortless	o Nostalgic	o Undisturbed	o Drab	o Smoggy	o Wretched
o Elysian	o Nurturing	o Unexplored	o Dreary	o Spooky	o _____
o Enchanting	o Oasis	o Unforgettable	o Dull	o Squalid	o _____
o Endearing	o Paradise	o Unfrequented	o Evil	o Stagnant	o _____
o Enigmatic	o Peaceful	o Uninhabited	o Faded	o Stark	o _____
o Enlivening	o Peace-giving	o Uninhibited	o Filthy	o Stifling	o _____
o Enrapturing	o Picturesque	o Unpretentious	o Foreboding	o Tangled	o _____
o Enthralling	o Playful	o Unspoiled	o Forsaken	o Tumultuous	o _____
o Enveloping	o Pristine	o Untouched	o Foul-smelling	o Unadorned	o _____
o Ethereal	o Pulsating	o Untroubled	o Fractured	o Unappealing	o _____
o Euphoric	o Quaint	o Uplifting	o Frightening	o Unattended	o _____
o Evocative	o Quiet	o Utopian	o Funereal	o Unattractive	o _____
o Exciting	o Quirky	o Verdant	o Ghastly	o Uncelebrated	o _____
o Exhilarating	o Radiant	o Vibrant	o Gloomy	o Uncomfortable	o _____
o Exotic	o Refined	o Vibrating	o Grubby	o Uncomforting	o _____
o Exquisite	o Refreshing	o Vivid	o Grungy	o Unexciting	o _____
o Flawless	o Remote	o Welcoming	o Harsh	o Unforgiving	o _____
o Flourishing	o Resplendent	o Whimsical	o Haunted	o Unfortunate	o _____
o Friendly	o Rhapsodic	o Whispering	o Hostile	o Unfriendly	o _____
o Glistening	o Romantic	o Wondrous	o Impoverished	o Unhygienic	
o Glorious	o Rugged	o Zen-like	o Infested	o Unimpressive	

Place Name and Nicknames	Location	Time Period

Short Description of Place		Form of Government/Rule

Who Lives There Now?	Who Has Lived There in the Past?

Describe the History of this Location

Significance in the Story

What is used for money/commerce here?	What do people do for employment?

How are people educated?	What forms of worship do people have, if any?

What level of technology is available here?	How do people heal the sick or injured?

How do people mark the passage of time?	Any rituals, celebrations or coming of age rites of passage?

What types of animals live in this place, if any?	What kind of plants live in this place, if any?

Does this place have magical abilities? If so, what kind?

Are there magical objects in this place? If so, what kind?

What else makes this place special or unusual?

Review the descriptive words below to think about your location and check the ones that apply. Then, use the next pages to write out descriptions and/or draw maps and sketches of the place you are creating:

o Large City	o Large Building	o Hot	o Mountains	o Oceans	o Earth
o Small City	o Home	o Dry	o Desert	o Lakes	o Earth-like Planet
o Market Town	o Cottage	o Temperate	o Forest	o Rivers	o Non-Earth-like
o Small town	o Villa	o Rainy	o Woodland	o Streams	Planet
o Village	o Manor House	o Cold	o Flat Plains	o Waterfalls	o Other known Planet
o Rural	o Castle	o Snowy	o High Elevation	o No water	o Not described
o No community	o Not applicable	o Windy	o Low Elevation	features	o _____
o _____	o _____	o _____	o _____	o _____	

Positive Descriptors			Negative Descriptors		
o Abundant	o Glowing	o Rustic	o Abandoned	o Intimidating	o Uninhabitable
o Abuzz	o Graceful	o Scenic	o Barren	o Isolated	o Uninspired
o Alluring	o Grand	o Seasonal	o Bleak	o Joyless	o Uninspiring
o Ancient	o Harmonious	o Secluded	o Blemished	o Lamentable	o Uninteresting
o Authentic	o Harmonizing	o Secret	o Blighted	o Lousy	o Uninvigorating
o Awe-inspiring	o Heartwarming	o Serenade	o Boring	o Melancholic	o Uninviting
o Blissful	o Heavenly	o Serendipitous	o Chaotic	o Miserable	o Unkempt
o Breathless	o Hidden	o Serene	o Clammy	o Monotonous	o Unlivable
o Breathtaking	o Hushed	o Serpentine	o Cluttered	o Muddy	o Unloved
o Calming	o Hypnotic	o Shimmering	o Cramped	o Musty	o Unmemorable
o Captivating	o Idyllic	o Solitary	o Creepy	o Neglected	o Unnerving
o Carefree	o Immersive	o Soothing	o Crowded	o Negligent	o Unpleasant
o Charismatic	o Impressive	o Sparkling	o Crumbling	o Ominous	o Unpleasant-
o Charming	o Inspiring	o Spectacular	o Cursed	o Oppressive	smelling
o Chill	o Intimate	o Spellbinding	o Decaying	o Overwhelming	o Unpromising
o Circular	o Invigorating	o Spirited	o Decrepit	o Polluted	o Unpropitious
o Colorful	o Inviting	o Sprawling	o Depressing	o Rancid	o Unremarkable
o Cosmopolitan	o Irresistible	o Square	o Deranged	o Repellant	o Unrewarding
o Cozy	o Joyful	o Stunning	o Derelict	o Repugnant	o Unsafe
o Dazzling	o Lively	o Sun-kissed	o Desolate	o Repulsive	o Unsanitary
o Delicate	o Lush	o Sunny	o Desperate	o Rotten	o Unsecured
o Delightful	o Magical	o Tantalizing	o Despicable	o Ruined	o Unsettling
o Dreamlike	o Majestic	o Timeless	o Dilapidated	o Rundown	o Unwanted
o Dreamy	o Melodious	o Tranquil	o Dingy	o Rusty	o Unwelcomed
o Dynamic	o Mesmerizing	o Tranquilizing	o Dirty	o Shabby	o Unwelcoming
o Earthy	o Misty	o Unadulterated	o Disgusting	o Shattered	o Unwholesome
o Eclectic	o Musical	o Unblemished	o Dismal	o Sinister	o Unworthy
o Ecstatic	o Mystical	o Uncharted	o Dispiriting	o Smelly	o Worn-down
o Effervescent	o Nestled	o Undiscovered	o Distressed	o Smoky	o Worn-out
o Effortless	o Nostalgic	o Undisturbed	o Drab	o Smoggy	o Wretched
o Elysian	o Nurturing	o Unexplored	o Dreary	o Spooky	o _____
o Enchanting	o Oasis	o Unforgettable	o Dull	o Squalid	o _____
o Endearing	o Paradise	o Unfrequented	o Evil	o Stagnant	o _____
o Enigmatic	o Peaceful	o Uninhabited	o Faded	o Stark	o _____
o Enlivening	o Peace-giving	o Uninhibited	o Filthy	o Stifling	o _____
o Enrapturing	o Picturesque	o Unpretentious	o Foreboding	o Tangled	o _____
o Enthralling	o Playful	o Unspoiled	o Forsaken	o Tumultuous	o _____
o Enveloping	o Pristine	o Untouched	o Foul-smelling	o Unadorned	o _____
o Ethereal	o Pulsating	o Untroubled	o Fractured	o Unappealing	o _____
o Euphoric	o Quaint	o Uplifting	o Frightening	o Unattended	o _____
o Evocative	o Quiet	o Utopian	o Funereal	o Unattractive	o _____
o Exciting	o Quirky	o Verdant	o Ghastly	o Uncelebrated	o _____
o Exhilarating	o Radiant	o Vibrant	o Gloomy	o Uncomfortable	o _____
o Exotic	o Refined	o Vibrating	o Grubby	o Uncomforting	o _____
o Exquisite	o Refreshing	o Vivid	o Grungy	o Unexciting	o _____
o Flawless	o Remote	o Welcoming	o Harsh	o Unforgiving	o _____
o Flourishing	o Resplendent	o Whimsical	o Haunted	o Unfortunate	o _____
o Friendly	o Rhapsodic	o Whispering	o Hostile	o Unfriendly	o _____
o Glistening	o Romantic	o Wondrous	o Impoverished	o Unhygienic	
o Glorious	o Rugged	o Zen-like	o Infested	o Unimpressive	

Place Name and Nicknames	Location	Time Period
Short Description of Place		**Form of Government/Rule**
Who Lives There Now?	**Who Has Lived There in the Past?**	

Describe the History of this Location

Significance in the Story

What is used for money/commerce here?	What do people do for employment?
How are people educated?	**What forms of worship do people have, if any?**
What level of technology is available here?	**How do people heal the sick or injured?**
How do people mark the passage of time?	**Any rituals, celebrations or coming of age rites of passage?**
What types of animals live in this place, if any?	**What kind of plants live in this place, if any?**

Does this place have magical abilities? If so, what kind?

Are there magical objects in this place? If so, what kind?

What else makes this place special or unusual?

Review the descriptive words below to think about your location and check the ones that apply. Then, use the next pages to write out descriptions and/or draw maps and sketches of the place you are creating:

o Large City	o Large Building	o Hot	o Mountains	o Oceans	o Earth
o Small City	o Home	o Dry	o Desert	o Lakes	o Earth-like Planet
o Market Town	o Cottage	o Temperate	o Forest	o Rivers	o Non-Earth-like
o Small town	o Villa	o Rainy	o Woodland	o Streams	Planet
o Village	o Manor House	o Cold	o Flat Plains	o Waterfalls	o Other known Planet
o Rural	o Castle	o Snowy	o High Elevation	o No water	o Not described
o No community	o Not applicable	o Windy	o Low Elevation	features	o _____
o _____	o _____	o _____	o _____	o _____	

Positive Descriptors

o Abundant	o Glowing	o Rustic
o Abuzz	o Graceful	o Scenic
o Alluring	o Grand	o Seasonal
o Ancient	o Harmonious	o Secluded
o Authentic	o Harmonizing	o Secret
o Awe-inspiring	o Heartwarming	o Serenade
o Blissful	o Heavenly	o Serendipitous
o Breathless	o Hidden	o Serene
o Breathtaking	o Hushed	o Serpentine
o Calming	o Hypnotic	o Shimmering
o Captivating	o Idyllic	o Solitary
o Carefree	o Immersive	o Soothing
o Charismatic	o Impressive	o Sparkling
o Charming	o Inspiring	o Spectacular
o Chill	o Intimate	o Spellbinding
o Circular	o Invigorating	o Spirited
o Colorful	o Inviting	o Sprawling
o Cosmopolitan	o Irresistible	o Square
o Cozy	o Joyful	o Stunning
o Dazzling	o Lively	o Sun-kissed
o Delicate	o Lush	o Sunny
o Delightful	o Magical	o Tantalizing
o Dreamlike	o Majestic	o Timeless
o Dreamy	o Melodious	o Tranquil
o Dynamic	o Mesmerizing	o Tranquilizing
o Earthy	o Misty	o Unadulterated
o Eclectic	o Musical	o Unblemished
o Ecstatic	o Mystical	o Uncharted
o Effervescent	o Nestled	o Undiscovered
o Effortless	o Nostalgic	o Undisturbed
o Elysian	o Nurturing	o Unexplored
o Enchanting	o Oasis	o Unforgettable
o Endearing	o Paradise	o Unfrequented
o Enigmatic	o Peaceful	o Uninhabited
o Enlivening	o Peace-giving	o Uninhibited
o Enrapturing	o Picturesque	o Unpretentious
o Enthralling	o Playful	o Unspoiled
o Enveloping	o Pristine	o Untouched
o Ethereal	o Pulsating	o Untroubled
o Euphoric	o Quaint	o Uplifting
o Evocative	o Quiet	o Utopian
o Exciting	o Quirky	o Verdant
o Exhilarating	o Radiant	o Vibrant
o Exotic	o Refined	o Vibrating
o Exquisite	o Refreshing	o Vivid
o Flawless	o Remote	o Welcoming
o Flourishing	o Resplendent	o Whimsical
o Friendly	o Rhapsodic	o Whispering
o Glistening	o Romantic	o Wondrous
o Glorious	o Rugged	o Zen-like

Negative Descriptors

o Abandoned	o Intimidating	o Uninhabitable
o Barren	o Isolated	o Uninspired
o Bleak	o Joyless	o Uninspiring
o Blemished	o Lamentable	o Uninteresting
o Blighted	o Lousy	o Uninvigorating
o Boring	o Melancholic	o Uninviting
o Chaotic	o Miserable	o Unkempt
o Clammy	o Monotonous	o Unlivable
o Cluttered	o Muddy	o Unloved
o Cramped	o Musty	o Unmemorable
o Creepy	o Neglected	o Unnerving
o Crowded	o Negligent	o Unpleasant
o Crumbling	o Ominous	o Unpleasant-
o Cursed	o Oppressive	smelling
o Decaying	o Overwhelming	o Unpromising
o Decrepit	o Polluted	o Unpropitious
o Depressing	o Rancid	o Unremarkable
o Deranged	o Repellant	o Unrewarding
o Derelict	o Repugnant	o Unsafe
o Desolate	o Repulsive	o Unsanitary
o Desperate	o Rotten	o Unsecured
o Despicable	o Ruined	o Unsettling
o Dilapidated	o Rundown	o Unwanted
o Dingy	o Rusty	o Unwelcomed
o Dirty	o Shabby	o Unwelcoming
o Disgusting	o Shattered	o Unwholesome
o Dismal	o Sinister	o Unworthy
o Dispiriting	o Smelly	o Worn-down
o Distressed	o Smoky	o Worn-out
o Drab	o Smoggy	o Wretched
o Dreary	o Spooky	o _____
o Dull	o Squalid	o _____
o Evil	o Stagnant	o _____
o Faded	o Stark	o _____
o Filthy	o Stifling	o _____
o Foreboding	o Tangled	o _____
o Forsaken	o Tumultuous	o _____
o Foul-smelling	o Unadorned	o _____
o Fractured	o Unappealing	o _____
o Frightening	o Unattended	o _____
o Funereal	o Unattractive	o _____
o Ghastly	o Uncelebrated	o _____
o Gloomy	o Uncomfortable	o _____
o Grubby	o Uncomforting	o _____
o Grungy	o Unexciting	o _____
o Harsh	o Unforgiving	o _____
o Haunted	o Unfortunate	o _____
o Hostile	o Unfriendly	o _____
o Impoverished	o Unhygienic	
o Infested	o Unimpressive	

Descriptions, Maps and Sketches

Descriptions, Maps and Sketches

Place Name and Nicknames	Location	Time Period
Short Description of Place		Form of Government/Rule
Who Lives There Now?	Who Has Lived There in the Past?	
Describe the History of this Location		
Significance in the Story		
What is used for money/commerce here?	What do people do for employment?	
How are people educated?	What forms of worship do people have, if any?	
What level of technology is available here?	How do people heal the sick or injured?	
How do people mark the passage of time?	Any rituals, celebrations or coming of age rites of passage?	
What types of animals live in this place, if any?	What kind of plants live in this place, if any?	

Does this place have magical abilities? If so, what kind?

Are there magical objects in this place? If so, what kind?

What else makes this place special or unusual?

Review the descriptive words below to think about your location and check the ones that apply. Then, use the next pages to write out descriptions and/or draw maps and sketches of the place you are creating:

o Large City	o Large Building	o Hot	o Mountains	o Oceans	o Earth
o Small City	o Home	o Dry	o Desert	o Lakes	o Earth-like Planet
o Market Town	o Cottage	o Temperate	o Forest	o Rivers	o Non-Earth-like
o Small town	o Villa	o Rainy	o Woodland	o Streams	Planet
o Village	o Manor House	o Cold	o Flat Plains	o Waterfalls	o Other known Planet
o Rural	o Castle	o Snowy	o High Elevation	o No water	o Not described
o No community	o Not applicable	o Windy	o Low Elevation	features	o _____
o _____	o _____	o _____	o _____	o _____	

Positive Descriptors

o Abundant	o Glowing	o Rustic
o Abuzz	o Graceful	o Scenic
o Alluring	o Grand	o Seasonal
o Ancient	o Harmonious	o Secluded
o Authentic	o Harmonizing	o Secret
o Awe-inspiring	o Heartwarming	o Serenade
o Blissful	o Heavenly	o Serendipitous
o Breathless	o Hidden	o Serene
o Breathtaking	o Hushed	o Serpentine
o Calming	o Hypnotic	o Shimmering
o Captivating	o Idyllic	o Solitary
o Carefree	o Immersive	o Soothing
o Charismatic	o Impressive	o Sparkling
o Charming	o Inspiring	o Spectacular
o Chill	o Intimate	o Spellbinding
o Circular	o Invigorating	o Spirited
o Colorful	o Inviting	o Sprawling
o Cosmopolitan	o Irresistible	o Square
o Cozy	o Joyful	o Stunning
o Dazzling	o Lively	o Sun-kissed
o Delicate	o Lush	o Sunny
o Delightful	o Magical	o Tantalizing
o Dreamlike	o Majestic	o Timeless
o Dreamy	o Melodious	o Tranquil
o Dynamic	o Mesmerizing	o Tranquilizing
o Earthy	o Misty	o Unadulterated
o Eclectic	o Musical	o Unblemished
o Ecstatic	o Mystical	o Uncharted
o Effervescent	o Nestled	o Undiscovered
o Effortless	o Nostalgic	o Undisturbed
o Elysian	o Nurturing	o Unexplored
o Enchanting	o Oasis	o Unforgettable
o Endearing	o Paradise	o Unfrequented
o Enigmatic	o Peaceful	o Uninhabited
o Enlivening	o Peace-giving	o Uninhibited
o Enrapturing	o Picturesque	o Unpretentious
o Enthralling	o Playful	o Unspoiled
o Enveloping	o Pristine	o Untouched
o Ethereal	o Pulsating	o Untroubled
o Euphoric	o Quaint	o Uplifting
o Evocative	o Quiet	o Utopian
o Exciting	o Quirky	o Verdant
o Exhilarating	o Radiant	o Vibrant
o Exotic	o Refined	o Vibrating
o Exquisite	o Refreshing	o Vivid
o Flawless	o Remote	o Welcoming
o Flourishing	o Resplendent	o Whimsical
o Friendly	o Rhapsodic	o Whispering
o Glistening	o Romantic	o Wondrous
o Glorious	o Rugged	o Zen-like

Negative Descriptors

o Abandoned	o Intimidating	o Uninhabitable
o Barren	o Isolated	o Uninspired
o Bleak	o Joyless	o Uninspiring
o Blemished	o Lamentable	o Uninteresting
o Blighted	o Lousy	o Uninvigorating
o Boring	o Melancholic	o Uninviting
o Chaotic	o Miserable	o Unkempt
o Clammy	o Monotonous	o Unlivable
o Cluttered	o Muddy	o Unloved
o Cramped	o Musty	o Unmemorable
o Creepy	o Neglected	o Unnerving
o Crowded	o Negligent	o Unpleasant
o Crumbling	o Ominous	o Unpleasant-smelling
o Cursed	o Oppressive	
o Decaying	o Overwhelming	o Unpromising
o Decrepit	o Polluted	o Unpropitious
o Depressing	o Rancid	o Unremarkable
o Deranged	o Repellant	o Unrewarding
o Derelict	o Repugnant	o Unsafe
o Desolate	o Repulsive	o Unsanitary
o Desperate	o Rotten	o Unsecured
o Despicable	o Ruined	o Unsettling
o Dilapidated	o Rundown	o Unwanted
o Dingy	o Rusty	o Unwelcomed
o Dirty	o Shabby	o Unwelcoming
o Disgusting	o Shattered	o Unwholesome
o Dismal	o Sinister	o Unworthy
o Dispiriting	o Smelly	o Worn-down
o Distressed	o Smoky	o Worn-out
o Drab	o Smoggy	o Wretched
o Dreary	o Spooky	o _____
o Dull	o Squalid	o _____
o Evil	o Stagnant	o _____
o Faded	o Stark	o _____
o Filthy	o Stifling	o _____
o Foreboding	o Tangled	o _____
o Forsaken	o Tumultuous	o _____
o Foul-smelling	o Unadorned	o _____
o Fractured	o Unappealing	o _____
o Frightening	o Unattended	o _____
o Funereal	o Unattractive	o _____
o Ghastly	o Uncelebrated	o _____
o Gloomy	o Uncomfortable	o _____
o Grubby	o Uncomforting	o _____
o Grungy	o Unexciting	o _____
o Harsh	o Unforgiving	o _____
o Haunted	o Unfortunate	o _____
o Hostile	o Unfriendly	
o Impoverished	o Unhygienic	
o Infested	o Unimpressive	

Made in the USA
Las Vegas, NV
14 October 2024

96821595R00057